广东省虚拟现实产业发展报告
（2022—2023）

主　编　战荫伟

北京理工大学出版社
BEIJING INSTITUTE OF TECHNOLOGY PRESS

版权专有　侵权必究

图书在版编目（CIP）数据

广东省虚拟现实产业发展报告.2022－2023／战荫伟主编．－－北京：北京理工大学出版社，2023.12
ISBN 978－7－5763－3280－3

Ⅰ.①广⋯　Ⅱ.①战⋯　Ⅲ.①虚拟现实－产业发展－研究报告－广东－2022－2023　Ⅳ.①F492.3

中国国家版本馆 CIP 数据核字（2023）第 237026 号

责任编辑：王梦春	**文案编辑**：邓　洁
责任校对：刘亚男	**责任印制**：施胜娟

出版发行　／　北京理工大学出版社有限责任公司
社　　址　／　北京市丰台区四合庄路 6 号
邮　　编　／　100070
电　　话　／　（010）68914026（教材售后服务热线）
　　　　　　　（010）68944437（课件资源服务热线）
网　　址　／　http://www.bitpress.com.cn

版 印 次　／　2023 年 12 月第 1 版第 1 次印刷
印　　刷　／　河北盛世彩捷印刷有限公司
开　　本　／　787 mm×1092 mm　1/16
印　　张　／　12.5
字　　数　／　242 千字
定　　价　／　79.00 元

图书出现印装质量问题，请拨打售后服务热线，负责调换

编制及版权声明

近年来，国家和各级政府积极推动数字经济的发展，越来越多的企业开始关注和投入虚拟现实产业，政府也加大对该行业的支持力度，虚拟现实和增强现实技术的发展和应用场景会不断扩大，广东省的相关产业也将呈现出新的增长态势。

虚拟现实技术是数字经济的重大前瞻领域，更是各行业数字化转型的关键支撑技术。为全面地了解广东省虚拟现实产业的现状及未来发展方向，探讨虚拟现实技术在工业生产、教育培训、文化旅游、体育健康、商贸创意、演艺娱乐等领域的应用前景，并为政府、企业和相关产业提供参考和建议，广东省虚拟现实产业技术创新联盟联合专家学者，组织对 2022 年至 2023 年广东省虚拟现实产业发展情况进行了调研，在此基础上形成了这份产业报告。如有商榷之处，欢迎批评指正。

本报告版权属于广东省虚拟现实产业技术创新联盟。转载、摘编或利用其他方式使用本报告文字或者观点，应注明"来源：广东省虚拟现实产业技术创新联盟"。对违反上述声明者，广东省虚拟现实产业技术创新联盟将追究其相关法律责任。

编委会

顾　问：何汉武　陈金德　王立群

主　编：战荫伟

副主编：石民勇　何　露　王立群　陈友滨　莫建清　吴悦明
　　　　高博宇　邱寒青　倪向东　阳序运　朱伟明

编　委：辛子俊　郭晓霞　刘玉珊　陈　童　吴冠南　柯思异
　　　　陈佳琪　罗伟德　张　晶　刘存纯　王　黎　李　洁
　　　　彭华军　黄　惺　陈　思　陈小飞　黄昌正　吴丽献
　　　　汪元隆　袁　璐

致 谢

本报告由广东省生产力促进中心、广州市大湾区虚拟现实研究院牵头组织，由广东省虚拟现实产业技术创新联盟、广东工业大学、广东工贸职业技术学院、暨南大学、韶关市博物馆等单位共同参与编撰而成。

在编写过程中，得到了虚拟现实产业技术创新联盟有关专家的指导，以及广东省重点领域研发计划"文化和科技融合"重点专项"长征文化沉浸式体验关键技术研发及应用示范项目"（项目编号：2022B0101020001）课题组、广州卓远虚拟现实科技有限公司、广州博士信息技术研究院有限公司、广州市影擎电子科技有限公司、百度（中国）有限公司深圳分公司、佛山市虎江科技有限公司、海南超次元数码科技有限公司（广州公司）、广州口可口可软件科技有限公司、广州新起典文旅科技有限公司、广州智在云天文化科技有限公司、深圳纳德光学有限公司、深圳市博乐信息技术有限公司、广州幻境科技有限公司、中山职业技术学院等单位的专业支持。

在此特致谢意！

前　言

近年来，国家和各级政府积极推动数字经济发展，越来越多的企业开始关注和投入虚拟现实产业，政府也加大对该行业的支持力度。2020年年初到2022年年末，新冠疫情严重影响我们的生产和生活，导致很多线下活动无法正常开展，人们在线上购物的需求便活跃起来，在一定程度上为虚拟现实产业带来了新的发展，广东省众多企业也砥砺前行，积极推进行业的发展。随着疫情防控形势的好转，虚拟现实技术的发展和应用场景不断扩大，广东省的相关产业也呈现出新的增长态势。

为全面了解广东省虚拟现实产业的现状及未来发展方向，探讨虚拟现实技术在工业生产、教育培训、文化旅游、体育健康、商贸创意、演艺娱乐等领域的应用前景，并为政府、企业和相关产业提供参考和建议，广东省虚拟现实产业技术创新联盟对2022年广东省虚拟现实产业发展情况进行了调研，并在此基础上形成了这份产业报告。

广东省虚拟现实产业报告定位为一份权威的行业分析报告。该报告通过梳理现有数据，洞察市场动态，把握技术趋势，力求真实、严谨、权威和前瞻性，以全面展示广东省虚拟现实产业的发展现状和未来发展方向。

增强现实是随着虚拟现实的发展而产生的。一般来说，虚拟现实技术强调对纯虚世界的沉浸体验，而增强现实技术则借助虚实融合技术来增强我们对现实世界的认知。2021年是元宇宙元年。元宇宙融合了人工智能、区块链等多种先进技术，创造出多人在线的虚拟社会，可以看作是虚拟现实和增强现实的新发展。所以，该报告不仅描述和研讨虚拟现实技术，其内容还包括随后发展起来的增强现实、混合现实，以及在新技术推动下兴起的元宇宙。

本报告分为5章：

第1章分析虚拟现实产业整体发展情况，尽量从全球范围宏观检视虚拟现实产业发展概貌；

第2章聚焦虚拟现实技术发展情况，从渲染与显示、感知与交互、内容与生成等技术层面，梳理国内外前沿和热点技术，并体现虚拟现实技术与5G、人工智能、大数据、云计算等技术融合与创新发展的情况；

第 3 章对产业链生态与各环节发展现状进行分析，特别针对广东省虚拟现实产业链构成情况，从硬件、软件、内容与平台、应用与服务四个方面以及产业链上游、中游和下游的角度进行阐述，并盘点广东省虚拟现实行业应用场景与典型案例；

第 4 章分析虚拟现实人才状况及人才培养情况，梳理虚拟现实人才培养要求，并重点总结广东省相关人才需求与人才培养情况；

第 5 章讨论政策环境与标准建设情况。

中共中央、国务院高度重视虚拟现实产业发展。《中华人民共和国国民经济和社会发展第十四个五年规划和 2035 年远景目标纲要》中将"虚拟现实和增强现实"列入数字经济重点产业范围，提出"以数字化转型整体驱动生产方式、生活方式和治理方式变革，催生新产业、新业态、新模式，壮大经济发展新引擎"的要求。在元宇宙、生成式预训练转换器等概念火爆、消费需求升级、信息技术迭代升级、资本聚焦等因素的综合作用下，虚拟现实产业进入发展快车道。近年来，我国虚拟现实领域的投融资规模稳步上升，投融资信心和活跃度进入一轮新高潮。

广东省是中国虚拟现实产业发展的重点区域之一，虚拟现实产业生态在全国乃至世界范围内，都具备一定的代表性。在广东省现有的虚拟现实企业中，规模较大的主要集中在珠三角地区，尤其以深圳、广州为主；小型企业和创新型企业则分布较广，市场潜力也较大，主要分布在以下领域：

工业生产领域：广东省的一些制造业企业已经开始在生产、维修、设计等方面应用虚拟现实技术，主要表现在工艺模拟、产品仿真、数字化制造等方面，涉及汽车、机械、航空航天等行业。

教育培训领域：广东省的一些大型培训机构和教育机构已经开始尝试使用虚拟现实技术进行教育和培训，主要包括虚拟仿真、互动体验、场景还原等方面，尤以模拟实验、医学诊断最为典型。

文化旅游领域：广东省的一些旅游景区已经开始使用虚拟现实技术进行旅游体验和文化推广，主要包括场景还原、互动体验、虚拟导览等方面。

医疗健康领域：广东省一些医疗机构已经开始尝试使用虚拟现实技术进行医疗服务，主要包括手术模拟、康复训练、病例诊断等方面。

娱乐生活领域：广东省现有的虚拟现实企业中，绝大多数以娱乐生活为主要应用领域，包括公共娱乐、家庭娱乐、虚拟社交等方面。

广东省虚拟现实产业呈现出良好的发展态势，在工业生产、医疗健康、教育培训、文化旅游等领域将得到更为广泛的应用，并向着更加成熟和专业化的方向发展，涌现出更多高品质的虚拟现实产品和服务。各级政府预计也将出台更为有力的政策举措，以支持虚拟现实产业的发展。

随着虚拟现实产业的快速发展，一些有关规范、治理等方面的问题和挑战也衍生出来。因此，我们对虚拟现实产业的发展提出以下建议：

（1）政府应加大扶持力度，为虚拟现实产业提供更多切实的政策支持，鼓励虚拟现实研发机构加强基础研究、突破关键核心技术；

（2）虚拟现实企业应加强创新能力，抓住市场机遇，开发出具有自主知识产权的核心技术、产品和服务，提高虚拟现实产品的品质、应用效果并增强用户体验；

（3）加强产业合作，推动虚拟现实技术的交叉融合和产业链接，探索更多实践和应用场景，开拓虚拟现实产业的多元化发展模式；

（4）建立虚拟现实产业规范和评价标准，加强监管和治理，保护知识产权，保障信息安全；

（5）加强对人才的引进和培养力度，培育具有虚拟现实技术专业知识、实践经验、创新能力和国际化视野的高层次人才和技术精英。

目　录

第1章　虚拟现实产业整体发展概况与回顾 ……………………………………（ 1 ）
  1.1　国内外虚拟现实产业现状 ……………………………………………（ 3 ）
  1.2　大湾区虚拟现实产业现状 ……………………………………………（ 6 ）
  1.3　2022年产业发展大事件 ………………………………………………（ 9 ）

第2章　虚拟现实技术发展与前沿分析 …………………………………………（ 11 ）
  2.1　虚拟现实技术图谱概述 ………………………………………………（ 13 ）
  2.2　显示与渲染技术及其硬件产品 ………………………………………（ 17 ）
  2.3　感知交互技术及其硬件产品 …………………………………………（ 30 ）
  2.4　5G通信网络与云虚拟现实架构 ………………………………………（ 36 ）
  2.5　内容生成技术与平台 …………………………………………………（ 39 ）
  2.6　元宇宙与数字人及部分前沿技术 ……………………………………（ 45 ）
  2.7　大湾区前沿探索与行业发展分析 ……………………………………（ 52 ）

第3章　产业链生态与各环节发展现状 …………………………………………（ 57 ）
  3.1　虚拟现实产业框架与各环节发展现状 ………………………………（ 59 ）
  3.2　国内外产业链各环节重点企业、高校和研究机构 …………………（ 65 ）
  3.3　广东省虚拟现实产业生态现状与发展 ………………………………（ 73 ）

第4章　虚拟现实人才状况及人才培养 …………………………………………（ 85 ）
  4.1　虚拟现实产业岗位人才需求 …………………………………………（ 87 ）
  4.2　国内虚拟现实工程技术人员标准与培养 ……………………………（ 91 ）
  4.3　广东省虚拟现实人才状况与培养情况 ………………………………（100）

第 5 章　政策环境与标准 ·· （103）

　　5.1　国外政策和标准化情况 ·· （105）

　　5.2　国家指导政策与分析 ·· （109）

　　5.3　广东省及其他重点省市政策分析 ·································· （110）

　　5.4　虚拟现实标准化建设情况 ·· （118）

第 6 章　附　录 ··· （119）

　　附录1　国内虚拟现实产业相关政策汇编 ································ （121）

　　附录2　国内虚拟现实标准制修订情况 ···································· （148）

　　附录3　教育部备案开设虚拟现实专业本科院校及高职院校名单 ·········· （167）

广东省虚拟现实应用场景典型案例集 ·· （175）

第1章

虚拟现实产业整体发展概况与回顾

随着科技的进步和创新的推动,人们对新一代人机交互体验的高沉浸、高逼真以及强交互需求不断增加,虚拟现实正迅速改变着人们的体验方式和生活方式。本章将对虚拟现实产业的整体发展情况进行总结回顾,分别就国内外和粤港澳大湾区虚拟现实产业进行现状分析,盘点虚拟现实产业在过去两年里的重大事件和成就,探讨其发展趋势和未来前景。

1.1 国内外虚拟现实产业现状

1.1.1 国内外虚拟现实市场规模

根据国际数据公司（IDC）的预测，全球虚拟现实产业有望在2026年增至508.8亿美元，五年复合增长率将达32.3%。其中，中国市场五年复合增长率将达42.2%，涨幅超过美国和西欧等其他八个区域，位列全球第一。IDC还预测，中国虚拟现实市场信息技术相关支出规模到2026年将增至130.8亿美元，总投资规模将超过120亿美元，占全球24.4%。中国将成长为全球虚拟现实产业最重要的市场之一，体量仅次于美国。消费者市场在五年预测期内稳定增长，总规模占中国虚拟现实市场近四成。从商用市场来看，到2026年，虚拟现实技术将被广泛应用于教育、医疗保健和专业服务等三类行业，共计约占中国市场总规模的28.2%[1]。

近年来，中国虚拟现实产业加速发展，活力强劲。在产业生态方面，核心技术不断进步，终端性能加快迭代提升，投融资信心和活跃度进入新一轮高潮。中国电子信息产业发展研究院发布的《虚拟现实产业发展白皮书（2022年）》指出，到2025年，国内虚拟现实产业规模将超过2 500亿元，随着虚拟现实技术对实体经济赋能作用逐渐释放，有望带动万亿元市场规模。

由广东省虚拟现实产业技术创新联盟基于企查查、天眼查数据所做的统计，截至2023年2月15日，全国从事虚拟现实相关业务的企业约有2.9万家，2022年新注册企业有6 247家。从地域分布来看，广东省以8 100余家的存量企业数量领跑全国，江苏省、山东省、浙江省紧随其后，存量企业均超过1 500家。49%的虚拟现实相关企业成立于5年之内，注册资本主要分布在50万至200万之间。从集群特点来看，虚拟现实产业主要聚集在广东省、山东省、长三角地区和北京市，其中近30%的企业落户广东省；广东省在电子制造业具备长期优势，便利的出口位置和多年累积的税收政策扶持，使其在核心零部件领域保持明显优势，成为初创企业的首选。

万得信息技术股份有限公司（简称万得）发布的股票类虚拟现实指数（884202.WI）以从事虚拟现实及计算机仿真技术等相关领域的公司为对象，如京东方A、TCL科技、长信科技等光学器件制造商，立讯精密、歌尔股份、国光电器等消费电子制造商，科大讯飞、四维

---

[1] 国际数据公司（IDC）：《全球增强与虚拟现实支出指南》，IDC Worldwide Augmented and Virtual Reality Spending Guide，2022年V2版，2022年12月2日。

图新等软件开发商,吉比特、三七互娱等游戏开发商,韦尔股份、兆易创新等集成电路制造商等。据万得统计显示,截至2022年12月31日,虚拟现实指数市值总和为19 037.71亿元,近5年年化收益率为9.58%,近5年年度回报率分别为-38.80%、90.44%、22.18%、13.74%、-39.58%。从表1-1可看出,该指数具有高波动、高收益的特征,弹性较强。

虚拟现实作为战略性新兴产业,一直受到国家的高度重视,未来3年虚拟现实产业仍将保持高速的增长态势,未来成长空间十分广阔,景气度高。

表1-1 万得虚拟现实相关指数

指数名称	指数代码	加权方式	成分数量	指数市值总和/亿	年化收益率/%			历年年度回报率/%				
					近1年	近3年	近5年	2018	2019	2020	2021	2022
虚拟现实指数	884202.WI	自由流通市值加权	50	19 037.71	-17.85	-7.06	9.58	-38.80	90.44	22.18	13.74	-39.58
[HK]虚拟现实指数	887700.WI	总市值加权	6	34 064.86	4.60	7.70	3.91	-22.54	19.79	52.70	-20.67	-24.44
虚拟人概念指数	8841495.WI	等权重	21	2 256.57	14.30	9.62	13.30	—	0.00	5.42	46.07	-28.91

1.1.2 国内外虚拟现实产业投融资、并购概况

疫情反复、俄乌冲突、经济衰退等因素,导致全球科技巨头在2022年进行了资金和人员上的收缩,企业生产经营活动受到一定程度的影响,资本市场也同步受到影响,2022年虚拟现实产业领域的融资并购有所收缩。从虚拟现实头显市场来看,全球出货量2022年为970万台,而2021年为1 123万台,2022年较2021年同比下跌13.6%(图1-1~图1-2)。

广东省虚拟现实产业技术创新联盟根据VR陀螺、青亭网、VRPinea、VRAR星球、新浪VR等统计的结果显示,2022年全球虚拟现实产业融资并购事件数量共374起,融资金额为527.45亿美元。其中,国外完成223起融资并购,融资金额较大的事件包括Epic游戏公司获得索尼与乐高20亿美元融资、沙特阿拉伯通过其主权财富基金公共投资基金(PIF)向Magic Leap投资4.5亿美元;国内完成151起融资并购,金额为137.3亿元,融资金额较大的包括小冰公司完成10亿元融资、Rokid完成13.63亿元融资、魔珐科技完成1.3亿美元融资等。

从行业分类来看,增强现实/虚拟现实整机或硬件仍是行业热点,而虚拟社交、虚拟培训、游戏娱乐是增强现实/虚拟现实近几年三个不变的应用领域焦点,医疗相关则是垂直行业长期关注的方向;与此同时,随着数字经济的发展以及元宇宙概念的出现,虚拟数字人相关产业增长明显。2022年,由于多个虚拟现实整机品牌完成融资,中国融资总额跃

居第二，超过以往融资规格保持较高水平的英国和以色列。行业内收购、整合趋势也更为明显，可以预见，随着市场热度和受众数量的不断提升，将迎来一系列洗牌。如Meta虽然收购Within受阻，但2022年仍收购六家公司，其中有三家是内容制作公司。Niantic收购非常成熟的网页端增强现实（WebAR）服务商8th Wall等，Snap收购Compound Photonics、NextMind等拥有硬件核心技术的厂商[①]。

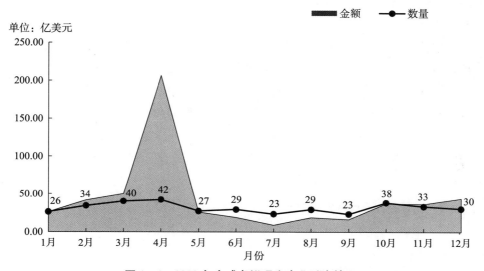

图1-1 2022年全球虚拟现实产业融资情况

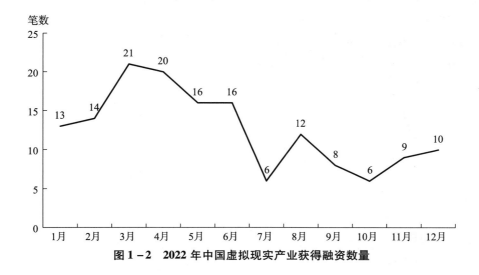

图1-2 2022年中国虚拟现实产业获得融资数量

---

① 陀螺研究院．VR陀螺：《2022年全球VR/AR行业投融资报告》，2023年1月30日；青亭网：《2022年AR/VR行业融资报告》，2023年1月18日。

1.2 大湾区虚拟现实产业现状

建设粤港澳大湾区（简称大湾区），是习近平总书记亲自谋划、亲自部署、亲自推动的重大国家战略，是新时代推动形成全面开放新格局的新举措，也是推动"一国两制"事业发展的新实践。

大湾区包括香港特别行政区、澳门特别行政区和广东省广州市、深圳市、珠海市、佛山市、惠州市、东莞市、中山市、江门市、肇庆市，总面积5.6万平方公里，是我国开放程度最高、经济活力最强的区域之一，在国家发展大局中具有重要战略地位。

大湾区地理位置优势明显，经济实力雄厚，创新要素集聚，国际化水平领先，合作基础良好，将打造成为充满活力的世界级城市群、具有全球影响力的国际科技创新中心、"一带一路"建设的重要支撑、内地与港澳深度合作示范区、宜居宜业宜游的优质生活圈。

1.2.1 市场与产业规模

据广东省虚拟现实产业技术创新联盟不完全统计，广东省内从事虚拟现实相关业务的企业有8 100余家，深圳以6 000余家的存量企业数量领跑大湾区，广州紧随其后，存量企业超过700家（图1-3）。其中，从事虚拟现实业务或布局虚拟现实业务的上市企业有23家（表1-2），平均市值为283.88亿元，中位数市值为58.61亿元。深圳、广州上市企业数量最多，分别为9家和8家。从应用场景上看，48%的企业将虚拟现实技术赋能在文化旅游、娱乐消费上。

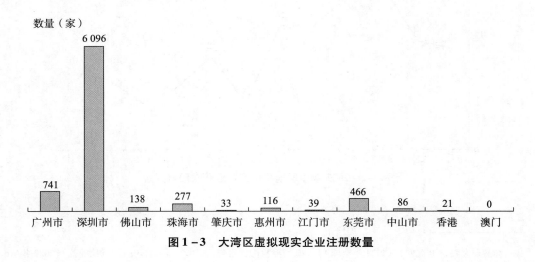

图1-3 大湾区虚拟现实企业注册数量

表1-2 大湾区部分上市企业的虚拟现实应用布局

序号	企业名称	地区	上市板块	业务或服务领域
1	广州山水比德设计股份有限公司	广州市	深交所创业板	文化旅游
2	广州若羽臣科技股份有限公司	广州市	深交所主板A股	消费娱乐
3	广州华立科技股份有限公司	广州市	深交所创业板	消费娱乐
4	广州航新航空科技股份有限公司	广州市	深交所创业板	工业
5	广州凡拓数字创意科技股份有限公司	广州市	深交所创业板	数字多媒体展示
6	广州中海达卫星导航技术股份有限公司	广州市	深交所创业板	文化旅游
7	国光电器股份有限公司	广州市	深交所主板A股	零部件
8	广州海格通信集团股份有限公司	广州市	深交所主板A股	模拟仿真软件
9	广东金马游乐股份有限公司	中山市	深交所创业板	消费娱乐
10	岭南生态文旅股份有限公司	东莞市	深交所主板A股	文化旅游
11	广东创世纪智能装备集团股份有限公司	东莞市	深交所创业板	零部件
12	广东领益智造股份有限公司	江门市	深交所主板A股	零部件
13	珠海全志科技股份有限公司	珠海市	深交所创业板	芯片设计
14	深圳市易尚展示股份有限公司	深圳市	深交所主板A股	展览展示
15	深圳市佳创视讯技术股份有限公司	深圳市	深交所创业板	融媒体
16	惠州硕贝德无线科技股份有限公司	深圳市	深交所创业板	零部件
17	深圳中青宝互动网络股份有限公司	深圳市	深交所创业板	消费娱乐
18	深圳市三利谱光电科技股份有限公司	深圳市	深交所主板A股	零部件
19	深圳科瑞技术股份有限公司	深圳市	深交所主板A股	检验检测设备
20	欧菲光集团股份有限公司	深圳市	深交所主板A股	零部件
21	欣旺达电子股份有限公司	深圳市	深交所创业板	工业
22	腾讯控股有限公司	深圳市	香港联合交易主板	社交、融媒体
23	TCL科技集团股份有限公司	惠州市	深交所主板A股	智能硬件

据搜狐网报道，大湾区虚拟现实相关企业营业收入突破2 000亿元，达到2 352亿元，占总体上市企业营收的28.11%，位居全国第一；其中深圳的企业营收位居前列，如华为、腾讯、大疆、华星光电等。

1.2.2　粤港澳大湾区投融资、并购概况

大湾区是我国虚拟现实产业的重要发展基地之一，拥有一批优秀的虚拟现实企业和研究机构，形成了从硬件制造到软件开发、从内容生产到应用服务的完整产业链。虚拟现实作为新兴产业，在大湾区内得到了广泛关注和大力支持。

大湾区虚拟现实产业的投资主要涵盖硬件、软件、内容、平台、解决方案等领域。虚拟现实作为尚处在成长、发展阶段的新兴产业，硬件和内容都需要大量的资本投入和技术迭代，融资是大部分企业当前生存和发展的资金来源。比如在2022年，广东虚拟现实科技有限公司（燧光）宣布：由电信方舟、中原前海、动平衡资本、宏太精鹰、三七乐心（广州）产业投资等共同完成1.25亿元的A4轮融资；深圳进化动力数码科技有限公司宣布完成2 000万美元B轮融资，该公司此前获得北极光创投、中科创达、达晨、广汇资本等顶级风险投资基金、家族基金和上市公司的多轮投资；深圳市维亚环球科技有限公司宣布完成由宏寰集团领投的A轮融资，估值逾8 000万美元。大湾区虚拟现实产业的并购案例目前较少。

虚拟现实产业受到大湾区内各级政府以及资本市场的关注，各方均积极支持虚拟现实产业的发展，未来大湾区虚拟现实产业的投资将呈现稳步增长的趋势。

1.3 2022 年产业发展大事件

2022 年，在 5G、云计算、区块链等相关基础技术的助力下，虚拟现实技术在文化艺术、旅游、体育赛事、房地产领域的应用愈发广泛，在军事领域的应用取得突破性进展，普及率达到新高。北京市、河南省、山东省、浙江省、上海市等地分别发布元宇宙或虚拟现实产业发展行动计划及相关政策，积极推动虚拟现实产业发展。

2022 年，雷鸟创新、Nresl、Rokid 等众多国内增强现实硬件厂商积极开拓国内外市场，逐渐形成知名度。雷鸟创新成立仅一年多就连推三款新品，并亮相 2022 年美国拉斯维加斯消费电子展（CES）；Nresl 开拓海外市场，在日本和美国获得当地增强现实眼镜品类销量榜第一；Rokid 则深耕文旅市场，与多地文旅博物馆配合，让增强现实眼镜拥有更多受众；亮亮视野的增强现实眼镜 LEION HEY 听语者为听力损失和有跨语种沟通需求的人士提供服务。据艾瑞咨询发布的报告显示，2022 年中国消费级增强现实眼镜销量超出预期，雷鸟创新、Nresl、Rokid 三家占接近 75% 的市场份额。其中，雷鸟创新位居行业首位，占 28.4%，Nresl 和 Rokid 以 25.1% 和 21.0% 的份额紧随其后，INMO、米家分列第四、第五位。国内增强现实企业为全球贡献了约 50% 的增强现实眼镜销量。

2022 年，虚拟现实产业相关人才需求骤增，全国超过 230 所高校开设虚拟现实及元宇宙院系和专业。清华大学和中国人民大学分别成立元宇宙文化实验室和元宇宙研究中心，南开大学、安徽大学、南京信息工程大学、香港理工大学、南宁职业技术学院等设立元宇宙相关院系。此外各地高校还推进建设元宇宙校园和元宇宙实训平台，进一步加大虚拟现实及元宇宙人才培养力度，为我国相关产业发展培养高质量复合型人才。

2022 年 4 月，韩国政府计划投资 179 亿韩元，扶持元宇宙企业的内容开发及海外扩张；日本成立"元宇宙推进协议会"，探讨虚拟空间；广州市黄埔区、广州开发区发布粤港澳大湾区首个元宇宙专项扶持政策。

2022 年 6 月，元宇宙首个国际标准联盟——元宇宙标准论坛成立。该论坛以实现全行业的合作和协调、开发构建开放元宇宙所需的互操作性标准为目标，汇集华为、阿里巴巴达摩院、Meta、微软、索尼、Epic、Unity、Autodesk、奥多比（Adobe）、英伟达（NVIDIA）、高通、万维网联盟、开放地理空间联盟、空间网络基金会和科纳斯组织等领先的企业和标准组织。

2022 年 9 月，YY 直播携手百度希壤打造的首档元宇宙综艺竞演歌会《超能音乐汇》于 9 日晚正式上线；央视网正式上线其孵化的数字藏品发售平台——央数藏（YSC）。

2022 年 11 月 1 日，工业和信息化部、教育部、文化和旅游部、国家广播电视总局、国家体育总局联合编制的《虚拟现实与行业应用融合发展行动计划（2022—2026 年）》

（以下简称《行动计划》）正式发布。《行动计划》制定的发展目标为：到2026年，虚拟现实在经济社会重要行业领域实现规模化应用，我国虚拟现实产业总体规模（含相关硬件、软件、应用等）超过3 500亿元，虚拟现实终端销量超过2 500万台。《行动计划》以行业应用融合创新构建生态发展新局面，将有力推动虚拟现实产业高质量发展。

2022年11月7日，工业和信息化部批复组建国家虚拟现实创新中心，并于11月12日正式揭牌。国家虚拟现实创新中心由南昌虚拟现实研究院牵头并联合青岛虚拟现实研究共同组建，建设地点位于江西省南昌市和山东省青岛市，股东单位汇聚了虚拟现实硬件、软件、内容制作与分发、应用与服务等环节的行业骨干力量，将建设关键共性技术研发、测试验证、检测、技术服务、人才培养和国际合作等平台，逐步构建覆盖虚拟现实全产业链的产业创新生态。

2022年11月20日至12月18日，中国移动咪咕作为中央广播电视总台2022年卡塔尔世界杯足球赛的赛事转播合作伙伴，运用5G+4K/8K+扩展现实+人工智能等技术，打造首个世界杯"元宇宙"虚拟观赛互动空间，为观众呈现具有即时互动、沉浸体验的"5G云赛场"。Nresl、Rokid、雷鸟创新等国内增强现实硬件厂商也借着世界杯的东风，实现了产品销量的增长。

第 2 章

虚拟现实技术发展与前沿分析

自图灵奖得主伊万·爱德华·萨瑟兰（Ivan Edward Sutherland）奠定虚拟现实技术基础以来，历经漫长的探索和迅猛的质变过程，虚拟现实技术从简单场景发展到大规模场景，从低分辨率、低帧率渲染发展到实时逼真渲染，由简单的键鼠交互发展到自然的交互，由无沉浸感发展到深度沉浸感。现阶段，虚拟现实技术的研究正朝着纵深方向发展，研究领域涉及建模、渲染与显示、交互感知等方面，同时还与5G、人工智能、大数据、云计算等前沿技术不断融合创新发展。

2.1 虚拟现实技术图谱概述

2.1.1 虚拟现实技术图谱

(1) 虚拟现实学科基础

虚拟现实是一个多学科交叉的研究领域，涉及计算机图形学、数字图像处理、计算机视觉、计算机网络、信号处理、显示、跟踪定位和传感等多个技术领域，包括场景建模、实时渲染、多感知交互、虚实融合以及内容传播等关键环节。

广义的虚拟现实技术包含虚拟现实和增强现实两部分。虚拟现实技术借助计算机与交互设备等，产生逼真的三维视觉、触觉、嗅觉等多种感官体验的虚拟世界，能够使处于虚拟世界中的用户产生身临其境的感觉。增强现实则利用跟踪注册、虚实融合等技术，将虚拟信息与真实世界融合呈现，实现对真实世界的"增强"。

虚拟现实技术与数字孪生、元宇宙等新兴技术联系紧密。比如元宇宙是指人类运用数字技术构建的、由现实世界映射或超越现实世界、可与现实世界交互的虚拟世界，具备新型社会体系的数字生活空间，而虚拟现实技术是元宇宙的核心交互形式。

近年来，虚拟现实/增强现实与5G、人工智能、大数据、云计算等前沿技术不断融合创新发展。一方面，人工智能提升了智能对象行为的社会性、多样性和逼真、自然的交互性，云计算则大幅降低了对终端的续航、体积和存储能力的要求，以及终端成本和对计算硬件的依赖。另一方面，这些前沿技术的融合也带来了新的科学和应用问题。

(2) 虚拟现实关键技术体系

虚拟现实关键技术体系如图2-1所示，按照各技术分支在虚拟现实/增强现实中的地位和关系紧密度，分为核心技术和支撑技术两大类。其中核心技术包括近眼显示、感知交互、渲染计算与内容制作四个方面，支撑技术包括人工智能、通信与计算。相关技术的发展状况如下[1]：

①近眼显示。近眼显示包括微显示元器件和光学模组两大核心。主流微显示元器件包括快速响应液晶（Fast-LCD）、硅基液晶（LCoS）、微型有机发光二极管（Micro-OLED）和微型发光二极管（Micro-LED）。快速响应液晶在现阶段虚拟现实主流产品中占主要地位；微型有机发光二极管在新近发布或短期内将发布的产品中应用广泛；微型发

---

[1] 中国信息通信研究院 华为技术有限公司 京东方科技集团股份有限公司：《虚拟（增强）现实白皮书》，2021年3月。

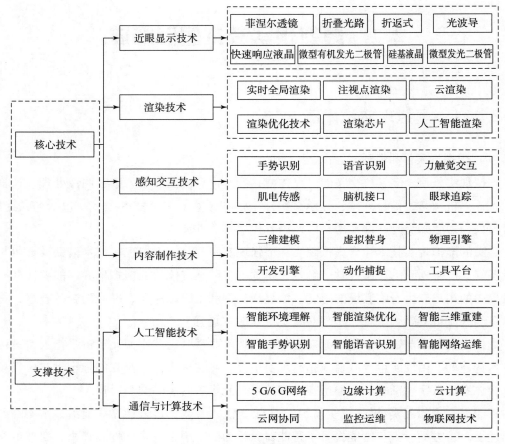

图 2-1 虚拟现实关键技术体系

光二极管的预期性能卓越，是未来的重要发展方向。量产产品中，虚拟现实光学方案逐渐由菲涅尔透镜向折叠光路（Pancake）方案转换，增强现实光学方案则由自由曲面/折反式（Birdbath）发展为光波导。

②渲染计算。云渲染、人工智能与注视点技术等进一步优化渲染质量与效率之间的平衡。新一代图形处理单元（GPU）芯片加速研发，多款支持实时光线追踪技术的移动端图形处理单元产品发布，但实时光线追踪算法的推广使用尚待时日。

③内容制作。WebXR、OS、OpenXR 等支撑工具稳健发展，六自由度视频摄制技术、虚拟化身技术等前瞻方向进一步提升虚拟现实体验的社交性、沉浸感与个性化。

④感知交互。由内向外（Inside-out）追踪技术已全面成熟，手势追踪、眼动追踪、沉浸声场等技术助力交互应用朝自然化与智能化的方向发展。

⑤网络传输。5G+F5G（第五代固定网络）构筑虚拟现实双千兆网络基础设施支撑，不断探索传输推流、编解码、最低时延路径、高带宽低时延、虚拟现实业务人工智能识别等新兴技术路径。

2.1.2 技术与硬件关系图谱

图 2-2 描述了虚拟现实/增强现实核心技术与硬件的关系。显示设备和交互设备都涉及算法和硬件技术，需要算法和算力支持。

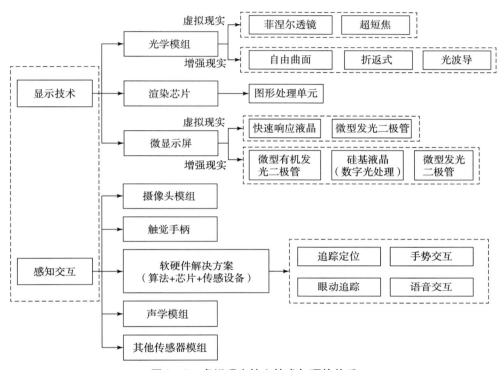

图 2-2 虚拟现实核心技术与硬件关系

光学模组和微显示屏是显示设备的两大核心模块。在光学模组方面，目前超短焦基本成熟，厂商加速量产制造，虚拟现实设备的光学模组逐步由菲涅尔透镜转向超短焦光学透镜。受限于体积、亮度和电池续航等问题，增强现实头显目前以企业用户（B 端）应用为主，光学技术极大程度决定了增强现实技术的应用推广。与自由曲面光学或折返式光学技术相比，光波导技术具有更好的性能指标。在微显示屏方面，虚拟现实近眼显示设备采用的技术包括快速响应液晶、微型有机发光二极管和微型发光二极管等。其中，快速响应液晶成本低，目前在个人用户（C 端）虚拟现实头显中应用广泛。微型发光二极管具备高分辨率、高像素密度、高刷新率、高对比度、响应时间短、功耗小等优点，是未来的发展方向，但目前成本高、量产难，需突破制造工艺。

在感知交互方面，为满足用户视、听、力触觉和体感等交互需求，业界提出了多种解决方案，逐渐推动手势识别、眼动追踪等前沿技术的应用。感知交互的细分领域很多，部分技术尚未达到商用程度，交互效果通常需要算法、算力和传感装置协同优化，芯片和传感器是核心的硬件组成部分。

2.2 显示与渲染技术及其硬件产品

渲染（Rendering）就是生成呈现于显示终端的图像，图像质量和帧率是影响用户体验的重要因素。复杂场景的实时渲染，需要高效、逼真的渲染算法以及高性能渲染芯片的支持。注视点渲染、云渲染和人工智能渲染是主流的虚拟现实渲染技术，近眼显示是虚拟现实/增强现实的重要视觉呈现方式，高性能、低成本、低功耗以及设备轻薄等，是产业界的主要努力方向。

2.2.1 近眼显示技术

近眼显示通过置于人眼非明视距离内的显示设备呈现图像，经由光学系统处理，为人眼提供视觉信息。近眼显示系统的核心单元包括微显示元器件和光学系统，二者需满足适配关系，方能收到良好的显示效果。如表2-1所示展示了近年量产的虚拟现实、增强现实终端产品的微显示元器件与光学系统的适配关系。

表2-1 微显示元器件与光学系统的适配

部分虚拟现实、增强现实产品		微显示元器件	光学系统	发布年份
虚拟现实一体机	Meta Quest 2	快速响应液晶	菲涅尔透镜	2020
	字节跳动 PICO Neo 3	快速响应液晶	菲涅尔透镜	2021
	宏达电 VIVE Focus 3	快速响应液晶	菲涅尔透镜	2021
	Arpara 5K 虚拟现实/Arpara AIO 5K 虚拟现实	微型有机发光二极管	折叠光路方案	2021
	爱奇艺奇遇 Dream Pro	快速响应液晶	非球面	2022
	索尼 PS 虚拟现实 2	有机发光二极管	菲涅尔透镜	2022
	字节跳动 PICO 4	快速响应液晶	折叠光路方案	2022
	创维 PANCAKE 1	快速响应液晶	折叠光路方案	2022
	Meta Quest Pro	液晶显示器屏幕+次毫米发光二极管背光板	折叠光路方案	2022
	Meta Quest 3	液晶显示器	折叠光路方案	2023
虚拟现实分体机	华为虚拟现实 Glass 6DoF	快速响应液晶	折叠光路方案	2020
	3Glasses X 系列	快速响应液晶	折叠光路方案	2020
	创维 S6Pro	快速响应液晶	折叠光路方案	2021

续表

部分虚拟现实、增强现实产品		微显示元器件	光学系统	发布年份
增强现实/混合现实	微软 HoloLens1	硅基液晶	光波导	2016
	微软 HoloLens2	激光束扫描	表面浮雕光波导	2019
	影目科技 INMO X	微型有机发光二极管	自由曲面	2021
	亮风台 Hi 增强现实 H100	硅基液晶	阵列光波导	2021
	小米智能眼镜探索版	微型有机发光二极管	光波导	2021
	Rokid Air	有机发光二极管	折返式	2021
	Nreal Air	微型有机发光二极管	自由曲面	2021
	OPPO Air Glass	微型发光二极管	衍射光波导	2021
	爱普生 Moverio BT-45CS	微型有机发光二极管	自由曲面	2022
	Magic Leap 2	硅基液晶	衍射光波导	2022
	苹果 Vision Pro	微型有机发光二极管	折叠光路方案	2023

(1) 微显示元器件关键技术

目前支持虚拟现实/增强现实头显的微显示元器件主要采用快速响应液晶、有机发光二极管、微型有机发光二极管、微型发光二极管、硅基液晶、数字光处理、激光束扫描等方案。表 2-2 详细列举了快速响应液晶、硅基液晶、微型有机发光二极管和微型发光二极管四类显示方案的性能对比。

快速响应液晶制造成本低，已经规模量产化，是现阶段虚拟现实中低端主流产品的主要微显示方案。硅基液晶同样具有低成本的优势，同时因为亮度较高而适用于增强现实产品。相对于快速响应液晶和硅基液晶，微型有机发光二极管在各方面的性能表现优越，清晰度、对比度、刷新率高，无需背光源，亮度较高，功耗较低，在新近发布或短期内将发布的产品中逐步推广使用。但微型有机发光二极管仍需改良制造工艺，提高良率，降低成本。微型发光二极管性能优越，但是制造极其困难，需攻克巨量转移等关键技术，目前仅能实现单绿色和单红色（2022 年上海显耀显示科技有限公司）规模量产，全彩微型发光二极管的规模量产尚需时日。

表 2-2 微显示技术路线比较

技术路线	优点	缺点	主要研发/制造厂家
快速响应液晶	①制造难度低；②成本低	①分辨率、像素密度、对比度低；②使用背光源，亮度低，功耗高；③刷新率低，响应时间慢（毫秒）	京东方，TCL，三星，夏普，LG 显示，日本显示器（JDI），高平电子（KOPIN）等

续表

技术路线	优点	缺点	主要研发/制造厂家
硅基液晶	①亮度高；②使用寿命长；③制造难度低，成本低	①分辨率、对比度低；②使用背光源，功耗高	奇景光电，豪威科技，美光，欧菲光
微型有机发光二极管	①分辨率高，像素密度较高，对比度很高；②刷新率高，响应时间快（微秒）；③自发光，亮度较高，功耗较低	①制造工艺复杂、门槛高；②良率较低，成本高，量产难度大	京东方，视涯科技，梦显电子，国兆光电，湖畔光电，昆山梦显，索尼，eMagin，LG显示，MICROOLED，高平电子等
微型发光二极管	①极高的分辨率、像素密度和对比度；②刷新率高，响应时间很快（纳秒）；③自发光，亮度高，功耗低	①制造难度极大、成本高；②关键技术亟待突破	京东方，TCL，维信诺，三安光电，华灿光电，三星，夏普，LG显示，日本显示器，高平电子，显耀显示，普莱西（Plessey）等

近年来，我国在微显示元器件设计、制造装备、制备工艺和半导体材料研发方面投入了许多资源，积极实施国产化替代，探索新的技术路径。图2-3概括了微型有机发光二极管和化合物半导体的创新研究需求。

（2）光学系统

虚拟现实系统与增强现实系统在光学方案上存在较大的差别。微显示屏面积小、位于人眼非明视距离内，需要光学系统放大、拉远，微显示屏发出的光才能被人眼系统正确处理。增强现实系统则需要同时处理显示屏投射的光线和物理世界投射光，光学系统更加复杂。

虚拟现实光学方案分类如图2-4所示。在实际应用中，虚拟现实光学方案经历了非球面透镜、菲涅尔透镜到折叠光路方案的演变过程。表2-3中的数据表明，菲涅尔透镜在前几年的主流产品中应用最为广泛，而最近发布和即将发布的虚拟现实产品则转向了折叠光路方案。

表2-3详细列举了非球面透镜、菲涅尔透镜、折叠光路等7种光学方案的性能对比。非球面透镜和菲涅尔透镜制造简单、成本低，但是成像质量较差、产品厚重，主要应用于早期的虚拟现实产品。折叠光路成像质量较好，产品轻薄，量产后逐渐应用于新一代虚拟现实产品。但是，折叠光路的制造成本较高，成像质量仍然需要迭代改进。

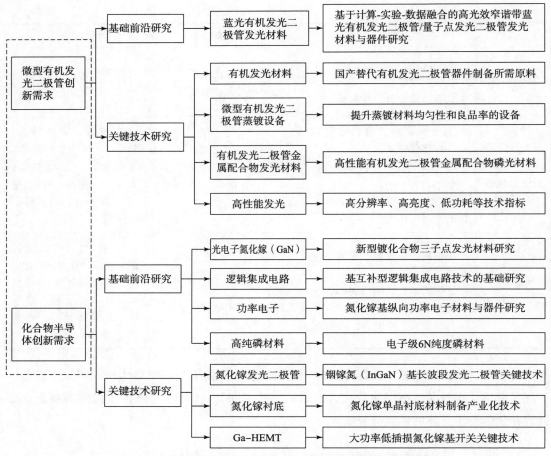

图2-3 微型有机发光二极管和化合物半导体的创新研究需求

表2-3 虚拟现实光学方案比较

光学方案	非球面透镜	菲涅尔透镜	折叠光路	多叠折返式自由曲面	异构微透镜阵列	液晶偏振全息	超表面/超透镜
常规视场角（FOV）/(°)	90~180	90~120	70~100	80~100	150~180	60~100	80~150
镜头总长常规（TTL）/mm	40~50	40~50	15~20	40~45	20~30	5~10	1~2
成像质量	边缘成像好	容易产生伪影和畸变	边缘成像质量好但容易产生伪影	容易产生畸变	视场角超大但容易产生伪影和畸变	FOC和Eyebox	色差小

续表

光学方案	非球面透镜	菲涅尔透镜	折叠光路	多叠折返式自由曲面	异构微透镜阵列	液晶偏振全息	超表面/超透镜
优点	成本低	较轻薄，成本低	轻薄，成像质量好	有利于眼动元器件布置	轻薄，超大视场角	超薄，可实时变焦	超薄，光路可定制
量产价格/元	5~10	15~20	120~180	50~100	暂无		
发展阶段	淡出市场	主流选择	即将大规模应用	小众市场	前沿研究	前沿探索	前沿探索

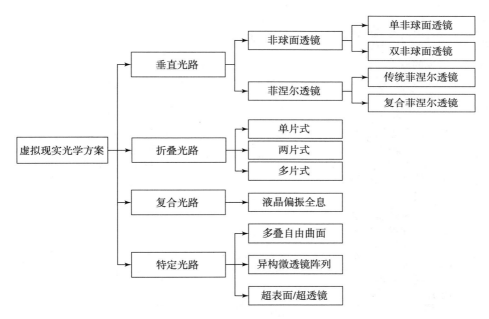

图 2-4 虚拟现实光学方案分类

增强现实光学方案经历了五代演进，从离轴光学、棱镜、自由曲面、折返式到光波导（表2-4）。自由曲面和折返式方案技术成熟，光学结构相对简单，成本低，是目前中低端增强现实眼镜的主要光学方案，但性能难以进一步改善，镜片厚度已经压缩到极限，难以轻薄化。光波导镜片轻薄、视场角大、分辨率高、透光度高，但光学效率低、部分技术路径存在图像质量问题、良品率低、成本高，在性能和生产工艺等方面仍然需要进一步改善。

表2-4 五代光学呈像技术对比

光学方案	原理	镜片厚度/mm	视场角/(°)	光学效率/%	优点	缺点
离轴光学	显示屏光线通过透明镜片反射入眼；现实世界光线透过镜片投射入眼	>20	80~100	40~50	视场角大，成像质量好；良品率高，制造成本低	体积较大；无法多任务处理
棱镜光学	将显示屏投出的图像投影到切割反射面的小棱镜，棱镜反射在人眼处成像	>10	10~20	20~30	易产生叠加感；良品率高，成本低	厚度和重量较大；视场角小；亮度低，图像畸变，成像质量差
自由曲面	自由曲面为反射镜，利用光路有序折反的原理，实现镜片内光路的准直和成像	>10	20~40	20~40	成像质量高；光效高，对适配的微显示屏要求低；成本较低	体积仍偏大；局部图像畸变；良品率一般
折返式	显示屏光线经45度角的分光镜反射至曲面镜弹射入眼；现实光线经过曲面镜和分光镜透射入眼	>8	30~50	15~20	结构简单；视场角大；光效较高，对适配的微显示屏要求低，功耗低；成本较低	比较厚重；透过率低；眼动框范围受限；图像畸变
光波导	将微显示器光束利用光栅耦入波导片中，光束进行全反射传播后，再将光束经光栅耦出波导片传至人眼	<3	25~90	0.3~15	轻薄；视场角大；分辨率高；透光度高	光学效率低；部分技术路径存在图像质量问题；良品率低，成本高

2.2.2 渲染芯片与实时全局光照渲染

（1）图形处理单元（GPU）

图形图像渲染领域的核心器件为图形处理单元。按照应用端不同，图形处理单元可划分为电脑端图形处理单元、服务器图形处理单元和移动端图形处理单元三种[1]。独立的电脑端图形处理单元主要运用于图形设计、高质量图像生成以及3A游戏等对渲染性能要求较高的场合。服务器图形处理单元主要用于专业渲染处理。移动端图形处理单元可用于提

---

[1] 中信证券研究部 计算机团队 杨泽原 丁奇：《计算机行业"构筑中国科技基石"系列报告19》（CPU：研究框架），2022年8月12日。

高实时渲染应用的体验、提升处理性能，应用场景包括扩展现实、游戏等，受移动端功耗和体积限制，一般为集成图形处理单元。

表 2-5 展示了三种图形处理单元的主要厂家和产品。在电脑端图形处理单元和服务器图形处理单元领域，英伟达（NVIDIA）和超威半导体（AMD）两家争霸，移动端图形处理单元则多点开花。近年来，我国开启国产图形处理单元产业链进口替代之路：在设计环节，景嘉微等龙头企业在不断追赶；在封测环节，通富承接超威半导体 7 nm 图形处理单元封测。但在 14 nm 及以下节点的先进制程方面，设备、材料、电子设计自动化知识产权（EDA/IP）、制造等环节与国外龙头企业差距较大，目前仍采用"外循环为主、内循环为辅"的模式[4]。

表 2-5　三类图形处理单元的主要厂家及产品

图形处理单元类别	主要厂商	产品系列
电脑端图形处理单元	英伟达（NVIDIA）	GeForce 系列、GTX 系列、RTX 系列
	超威半导体（AMD）	Radeon 系列
	英特尔（Intel）	Xe 系列
服务器图形处理单元	英伟达（NVIDIA）	Tesla
	超威半导体（AMD）	FireStream
移动端图形处理单元	想象力（Imagination）、高通、苹果、安谋（ARM）、三星、华为、联发科	IMG DXT，Power 虚拟现实系列、Adreno 系列、公版 Mali 系列、Exynos、麒麟

图形处理单元的主要指标包括微架构、制程、图形处理器单元数量、核心频率、显存容量和显存带宽等。其中，微架构是图形处理单元的硬件电路设计构造方式，是影响图形处理单元物理性能的核心部分之一。如表 2-6 所示，图形处理单元微架构包括流处理器、渲染核、双精度浮点运算单元、特殊运算单元、流式多处理器、纹理处理簇、图形处理器、流处理器阵列。

表 2-6　图形处理单元微结构的组成与功能概括

组成单元	功能
流处理器	图形处理单元最基本单元
渲染核	升级版本的流处理器，用于顶点处理、像素处理
双精度浮点运算单元	仅用于双精度浮点运算
流式多处理器	基本计算单元，由流处理器、双精度浮点运算单元、特殊运算单元等构成
纹理处理簇	由流式多处理器控制器、多个流式多处理器和一级缓存构成
光栅化处理单元	对三维图形进行几何、设置、纹理和光栅处理
张量核心	专门用于矩阵乘积累加的高性能计算核心

未来,图形处理单元将持续提升硬件性能,设计更加专用、更加智能的架构,为超大、复杂场景提供实时、高质量渲染计算。在硬件上,随着结构设计和制程迭代发展优化,图形处理器单元数量不断上升,核心频率、显存容量和显存带宽等性能指标也将不断提高。

(2) 实时光线追踪技术

基于全局光照的光线追踪,渲染产生的图像更加逼真,但计算复杂度高,难以实现实时渲染。移动端实时光追渲染的挑战性更高,需要通过硬件创新,改善计算效率、轻量化和功耗等方面的问题。2021 年,想象力技术公司提出了光线追踪等级系统(RTLS),2-5 级引入了硬件处理,见表 2-7。

表 2-7 光线追踪等级系统

级别	描述	评价
1 级	Software only	纯软件的方式,硬件资源的开销比较大,CPU 的资源占用较高
2 级	Ray-box and ray tri-testers	利用硬件处理三角形和包围盒及光线求交测试,节省 CPU 的资源
3 级	BVH traversal	在 2 级的基础上,对 BVH 遍历提供了硬件支持,进一步提升效率、降低功耗
4 级	BVH traversal;Full coherency sorting	在 3 级的基础上,统一计算相同光线上的光束,采用统一的指令运行
5 级	BVH builder;BVH traversal	在 4 级的基础上,将更多计算工作负荷从原来的 GPU 渲染器或着色器中分离出来,转移到专门的硬件上去加速,把更多的图形处理单元资源用于其他动态渲染,进一步提升效率、降低功耗

①电脑端实时光线追踪的突破。

2018 年,NVIDIA 推出全球首款支持实时光线追踪技术的显卡 RTX,实现了基于混合渲染管线的实时光线追踪技术,能够实现复杂场景,并以大于 60FPS 的帧率,实现 4k 分辨率、电影级图像的实时生成。Unity、虚幻引擎(Unreal Engine)等开发引擎纷纷支持 RTX 光线追踪技术。目前,英伟达发布了 RT Cores 3.0,可用于 DirectX 12 Ultimate、Vulkan 和 Optix 等图形应用程序接口(API)进行光线追踪加速计算,利用 RTX 的直接光照(RTXDI)和全局光照(RTXGI)模块,可以添加数以百万计的动态灯光,并实现多次反弹的全局光照效果。

②移动端实时光线追踪的探索。

2021 年,Imagination 发布 IMG CXT GPU,首次在移动端实现了桌面级质量的光线追踪视觉效果,实现了光线追踪等级系统 4 级的光线追踪架构。2022 年,联发科发布天玑 9

200，携带 Immortalis – G715 GPU，提供移动端硬件光线追踪技术。2023 年，Imagination 推出 IMG DXT GPU，提供可扩展的移动光线追踪技术和可变速的着色技术，达到了光追系统 4 级。

光线追踪技术在低功耗移动设备上的应用仍然存在瓶颈，有待进一步提高计算效率、减少硬件体积、降低功耗和成本。

2.2.3 注视点渲染

注视点渲染技术致力于解决高分辨率需求和算力之间的矛盾问题。注视点渲染（Foveated Rendering）利用人眼视野中心清晰、周围清晰度逐渐下降的特点，对注视中心和周围像素实施不同质量级别的渲染，以降低图形处理单元负荷，提高帧率、降低能耗。

注视点渲染的关键技术包括眼球追踪和动态注视点渲染。

（1）眼球追踪技术

人眼扫视速度可达 1 000 度/秒，因此，需要快速、精准和低延时的眼球追踪技术。眼球追踪技术主要分为基于特征和基于外观的方法，具体有瞳孔角膜反射法、视网膜影像法、视网膜反射光强度法和角膜反射光强度法等。目前，眼球追踪产品大部分通过瞳孔/角膜反射的跟踪技术原理来实现，主流产品的采样频率为 50~60 Hz，少数产品采用 250 Hz 以上高采样频率，采样范围通常为水平 ±45°、垂直 ±35°。主要的生产厂家有七鑫易维、谷歌（Eyefluence）、ASL、ERGONEERS、GazeTech、苹果司迈（SMI）和拓比（Tobii）。其中，七鑫易维的眼动控制技术处于国内领先地位。

（2）注视点渲染技术的应用

表 2-8 中列举了采用注视点渲染技术的典型虚拟现实/增强现实产品。2018 年，Oculus 首次将注视点渲染技术应用于消费市场。该技术在屏幕中心固定一个高分辨率区域，边缘采用低分辨率渲染，由于采用了固定的低分辨率区域，因此命名为固定注视点渲染（FFR）。固定注视点渲染节省的图形处理单元资源有限，并且当眼睛注视点转移到边缘时，会有强烈的画质劣化感。眼球追踪注视点渲染（ETFR）加入了眼动追踪技术，以用户注视点为中心，动态调节虚拟现实屏幕的清晰度（注视点中心最清晰、像素密度高，周围边缘清晰度低、像素密度低），因此也称为动态注视点渲染。眼球追踪注视点渲染技术能够有效降低图形处理单元负荷和能耗。2022 年，Meta 公司首次在虚拟现实设备（Oculus Quest Pro）中引入眼球追踪注视点渲染功能。而眼球追踪注视点渲染还需要解决输入输出延迟、低高渲染分辨率切换等问题。

表 2-8　采用注视点渲染技术的典型虚拟现实/增强现实产品

公司	产品	发布时间
字节跳动	PICO 4 Pro	2023 年 4 月
索尼	PlayStation VR 2	2023 年 2 月
Meta	Oculus Quest Pro	2022 年 10 月
Magic Leap	Magic Leap 2	2022 年 9 月
微软	HoloLens 2	2019 年 11 月

2.2.4　云渲染

云渲染将场景数据、计算复杂度高的识别和渲染业务部署到云端，由云端设备实时渲染生成图像，利用网络传输至终端。终端只需要实时采集用户的交互行为数据，发送至云端，因此极大地降低了终端设备的性能要求和成本，有助于虚拟现实应用推广。

云渲染需要解决传输时延、丢帧和数据安全等关键问题。对于沉浸式虚拟现实应用，低时延是核心问题，目前的解决方案主要有端云异步渲染、端到端低时延传输和边缘云增量渲染。

（1）端云异步渲染方案

端云异步渲染用于解决帧率问题。如图 2-5 所示，云端负责关键基础帧的渲染，终端根据用户的头部姿态变化进行插值计算，采用异步时间扭曲（ATW）、异步空间扭曲（ASW）等技术对基础画面进行旋转、平移和扭曲。端云异步渲染可以解决网络时延和用户运动高帧率需求之间的矛盾。

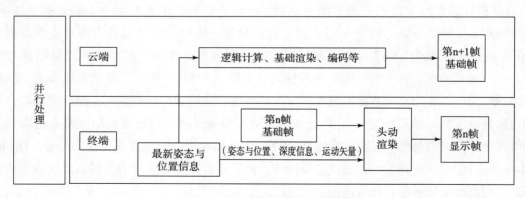

图 2-5　云渲染并行处理方案图①

---

①　中国移动 5G 联合创新中心：《中国移动 5G 联合创新中心创新研究报告－5G 云 XR 端到端能力需求研究报告》，2020 年 8 月。

（2）端到端低时延传输方案

端到端低时延传输方案以并行处理技术、快速编解码技术、虚拟现实传输协议和低时延传输网络为核心，在实践过程中可以将云渲染时延控制在 30 – 50 毫秒，仍需要进一步改善。

（3）边缘云增量渲染方案

边缘云增量渲染方案引入边缘计算能力，在边缘云部署云端渲染，实现云端的增量和分工协作式渲染，其中如何实现各分布式节点的负载均衡是重点环节。

2.2.5 人工智能渲染

人工智能技术是虚拟现实的重要支撑技术，将人工智能引入虚拟现实渲染领域，旨在提升渲染效率和渲染质量，平衡质量、速度、能耗、带宽与成本等多维渲染指标。

（1）基于人工智能的抗锯齿算法

在提升渲染质量的抗锯齿应用方面，英伟达发布的精视（GeForce）RTX 20 系列显卡包含具备深度学习超采样（DLSS）功能的驱动程序，通过以较低分辨率渲染图像，再经人工智能算法填充像素的方式，显著提升了画面精细程度。

（2）利用人工智能提升渲染效能

头戴式显示器对高图像分辨率、低延迟以及高刷新率的需求，同时需要兼顾轻量化和低能耗。为了优化渲染效能，注视点渲染利用人眼系统的感知特性，在渲染图像时采用不同的空间分辨率，通过降低外围视觉中的图像质量来减少计算量，但可能会在外围造成明显的伪影。Meta 公司虚拟现实与增强现实实验室（Meta Reality Labs）提出了基于神经网络的 DeepFovea 图形渲染系统。DeepFovea 使用生成对抗网络（GAN）推断丢失的外围信息，利用数百万个经过人为降低外围质量的真实视频来训练神经网络。生成对抗网络的设计有助于神经网络根据训练视频的统计信息来补缺细节，进而得到基于稀疏输入生成的自然视频片段。测试显示该方案可将渲染计算负载减少了约 90%，且能够处理外围视场的闪烁、锯齿和伪影。

（3）利用人工智能进行图像预处理

在图像预处理方面，预先对图像进行降噪处理，有助于提升后续图像分割、目标识别、边缘提取等任务的实际效果。与传统降噪方法相比，深度学习降噪可获得更优的峰值信噪比（PSNR）与结构相似性（SSIM），如英伟达 OptiX 6.0 采用人工智能加速高性能降噪处理，从而减少高保真图像渲染时间。

（4）利用人工智能实现渲染配准自优化

在端云协同架构方面，随着电信运营商云化虚拟现实发展推广，针对多样化的应用场景与网络环境，人工智能有望成为渲染配准自优化的重要探索。

（5）基于神经辐射场的三维渲染

神经辐射场（Neural Radiance Field，NeRF）是一种隐式的三维场景表示方法。神经辐射场场景易于创建，能够渲染合成任意视点方向的图像，在虚拟现实/增强现实和游戏开发等领域展现出巨大潜力。利用神经辐射场，英伟达 3D MoMa 可从少量照片中渲染出逼真的三维模型，谷歌则将卫星图像和街景图像合成为沉浸式三维场景。神经辐射场与生成式模型结合，能够根据文本描述或规则，生成符合要求的三维场景。

2.2.6 视觉呈现硬件产品及元器件

支撑图形渲染和视觉呈现的关键元器件包括通用计算存储单元、专用的图形处理器、微显示元器件和光学模组等，主要元器件及其生产商如表 2-9 所示。

表 2-9 虚拟现实/增强现实图形渲染与视觉呈现的关键元器件

元器件		生产商/品牌
主控芯片		高通，台积电，瑞芯微，国科微，全志科技，紫光展锐，芯原股份，晶晨股份，安谋科技
图形处理单元	电脑端图形处理单元	英伟达，超威半导体，英特尔
	服务器图形处理单元	英伟达，超威半导体
	移动端图形处理单元	高通，安谋，联发科，华为，想象力，苹果，三星
微显示元器件	快速响应液晶	京东方，TCL，友达光电，三星，夏普，LG 显示，日本显示器，高平电子
	硅基液晶	奇景光电，豪威科技，美光，欧菲光
	微型有机发光二极管	京东方，视涯科技，梦显电子，国兆光电，湖畔光电，昆山梦显，索尼，eMagin，LG 显示，MICROOLED，日本显示器，高平电子
	微型发光二极管	京东方，TCL，维信诺，三安光电，华灿光电，三星，夏普，LG 显示，日本显示器，高平电子，显耀显示，普莱西
	次毫米发光二极管	京东方，TCL，长信科技，友达光电，鸿利智汇，隆利科技，三安光电，华灿光电，三星，夏普，索尼，LG 显示
	有源矩阵有机发光二极管	维信诺，友达光电
	数字光处理	德州仪器

续表

	元器件	生产商/品牌
光学模组	自由曲面/棱镜	耐德佳，高平电子
	菲涅尔透镜	舜宇光学，歌尔股份，玉晶光电，扬明光学
	折叠光路	舜宇光学，歌尔股份，玉晶光电，扬明光学，3M，三利谱，冠石科技，耐德佳，惠牛科技，鸿蚁光电，高平电子，大立光电，丘钛科技，欧菲光
	折返式	水晶光电，惠牛科技，鸿蚁光电，欧菲光
	阵列光波导	水晶光电，耐德佳，珑璟光电，灵犀微光，Lumus，理湃光晶
	表面浮雕光波导	舜宇光学，歌尔股份，苏大维格，水晶光电，珑璟光电，WaveOptics，迪斯普利克斯（Dispelix），鲲游光电，至格科技，光舟半导体
	体全息光波导	舜宇光学，耐德佳，灵犀微光，DigiLens，三极光电，Akonia

2.3 感知交互技术及其硬件产品

虚拟现实是计算机生成的模拟环境，在这个环境中，人类可以通过各种感知设备，对虚拟信息进行感知和交互。感知交互技术是一种新兴的交互技术，它通过实现人和机器之间的非接触式、自然和直观的交互，提高用户的使用体验和满意度。感知交互技术基于机器对人类的感知能力——包括视觉、听觉、触觉、嗅觉和味觉——以及对人类行为、情绪和意图的理解，是使虚拟现实系统成为真正意义上人机交互技术的重要部分。

从用户的角度来看，感知交互技术为用户提供了更自然、直观和人性化的交互体验。用户可以通过自然语言、手势、表情、眼睛移动等自然的交互方式与机器进行交互，无需学习复杂的命令和操作。机器还能够理解并适应用户的个性化需求和习惯，提供定制化的服务和反馈。这不仅提高了用户的使用效率和满意度，也增强了用户的参与感和沉浸感。

从机器的角度来看，感知交互技术需要机器具有强大的感知能力和智能化处理能力。首先，机器需要通过摄像头、麦克风、传感器等设备，收集并处理用户的视觉、听觉、触觉、嗅觉和味觉等多模态信息。然后，机器需要通过深度学习、神经网络、模式识别等人工智能技术，理解并解析用户的行为、情绪和意图。最后，机器需要通过算法和模型，预测并响应用户的需求，提供适时、适当的反馈。

从 20 世纪 70 年代末开始，虚拟现实技术得到了快速发展，并逐渐在科研与医疗领域得到应用。虚拟现实技术主要利用计算机生成三维可视化环境，用户通过多设备、多技术结合的传感器，对现实世界进行感知，并将其转化为三维空间，还可以借助传感器实时得到各种交互反馈，从而提升沉浸式的交互体验。

2.3.1 视听嗅味触感知传感设备

在虚拟现实系统中，应用视觉、听觉、嗅觉、味觉和触觉的感知设备进行交互，能够更好地挖掘不同感知设备带来的交互体验。不同的设备在交互方式上有着不同的特点：

①视觉：系统通过视觉感知设备，跟踪用户的头部和眼部，并对捕捉到的用户手势和动作作出响应；用户可以从计算机屏幕或头显上看到自己的手势和动作。

②听觉：通过立体声耳机或者环绕音效扬声器，模拟真实环境中的声音，为用户提供听觉上的沉浸体验。

③触觉：用户触摸虚拟物体，获得感官刺激。

④嗅觉：系统根据虚拟世界中的特殊物体来散发对应的气味，刺激用户的嗅觉器官。

⑤味觉：使用味觉来获取有关虚拟世界中食物的信息。

与这些多通道感知相对应的产品或样机已经出现。

（1）视觉传感设备

①PICO 4 Pro：这款虚拟现实一体机设备采用了高分辨率的显示屏、眼动追踪技术和面部表情跟踪技术，能够提供逼真的视觉效果。它还具有防眩光镜片和低延迟的传感器，可让用户在虚拟世界中流畅移动；一体化设计摆脱了游玩区域限制，让用户随时随地体验虚拟现实应用。

②宏达电（HTC）VIVE Pro：这款虚拟现实设备配备了深度传感器和高分辨率的显示屏，可提供更加逼真的视觉效果。它还支持无线连接和手势控制，可让用户在虚拟世界中自由移动和交互。

③索尼 PlayStation VR：这款虚拟现实设备采用了低延迟的显示屏和 LED 追踪技术，可提供流畅的游戏体验。它还支持三维音频和手势控制，可让用户沉浸在虚拟世界中。

（2）听觉传感设备

①Oculus Rift 耳机：奥克卢斯 Rift VR 设备配备的耳机使用了先进的音频技术，可以提供 360 度的环绕声体验，让用户更好地沉浸在虚拟世界中。

②HTC VIVE Deluxe Audio Strap：宏达电 VIVE 虚拟现实设备的配套耳机可以提供高质量的立体声音效，同时还有降噪功能，可以屏蔽外界噪声。

③索尼 PlayStation 虚拟现实耳机：索尼 PlayStation 虚拟现实设备的配套耳机采用了三维音频技术，可以模拟出各种真实的声音效果。

④维尔福（Valve）Index 耳机：维尔福 Index 虚拟现实设备的配套耳机使用了开放式设计，可以提供自然、逼真的音频体验。

⑤3Dio Free Space Pro Ⅱ：这是一款专业级的双耳录音设备，可以模拟人耳接收声音的方式，用于创建立体声音效，适合用于虚拟现实中的音频制作。

（3）嗅觉传感设备

①FeelReal：这是一款可以附加在虚拟现实头盔上的气味发生器，可以模拟各种气味，例如烟雾、花香等。它还具有振动模块和温度控制器，可提供更加真实的体验。

②Nosulus Rift：这是一款由法国游戏公司育碧（Ubisoft）开发的气味头盔，可模拟虚拟世界中的嗅觉感受。它可以连接到电脑或游戏机，并通过气味发生器模拟不同的气味。

（4）味觉传感设备

虚拟现实中的味觉传感设备目前还处于发展和研究阶段，虽然目前还没有广泛应用的产品，但一些研究机构和公司已经开始探索这一领域。以下是一些正在研发的味觉传感设备。

①Project Nourished：这是一个由美国公司开发的项目，他们研发了一种可以模拟食物的味道、咀嚼感和消化感的设备。用户戴上虚拟现实头盔和这个设备后，即使实际上并没有摄入任何食物，也可以体验到进食的感觉。

②TasteVR：这是由新加坡国立大学的研究团队开发的一种设备，它使用电刺激和温度变化来模拟味道的感觉。

③Vocktail：这是一款虚拟鸡尾酒杯，可以通过改变饮料的颜色、气味和味道，让用户感觉在喝不同的鸡尾酒。

④Scentee：这是一款可以释放气味的设备，虽然它无法模拟味道，但可以通过释放与食物或饮料相关的气味，增强用户的味觉体验。

（5）触觉传感设备

①HaptX Gloves：由HaptX公司开发的触觉手套可通过振动模块和力反馈装置，模拟不同的触觉感受。它具有可调节的振动强度和反馈力度，可以让用户在虚拟世界中感受到不同的触觉体验。

②Teslasuit：这是一种全身穿戴设备，可通过电刺激模拟不同的触觉感受，例如温度、压力等。它还具备心率传感器和运动追踪器，可提供更加细致的触觉反馈。

以上视、听、触三个方面的产品设备大多已投入市场，但触觉设备目前仍然价格偏高，使用体验有待提高，不同的设备在不同的应用场景下各有优缺点。嗅觉和味觉传感方面的技术目前则仍在研发中，还需要更多投入才能成为成熟产品。

2.3.2　捕捉跟踪相关技术与设备

虚拟现实中的捕捉跟踪技术是一种关键的技术，它可以让用户在虚拟环境中进行交互和移动。以下是对此类技术的详细描述与分析。

①光学跟踪技术：这种技术通过摄像头或其他光学设备，来捕捉用户的动作，通常需要在用户的头部或者手部安装标记物，摄像头会跟踪这些标记物的位置和方向，然后将这些信息发送给计算机，来创建对应的虚拟动作。这种技术的优点是精度高，缺点是需要大量的硬件设备和空间，并且可能会被物理对象阻挡。

②惯性跟踪技术：这种技术通过在用户的设备中安装加速度计和陀螺仪，来检测用户的动作。优点是设备小巧、便于携带，缺点是精度相对较低，并且可能会受到磁场的干扰。

③磁场跟踪技术：这种技术通过创建一个磁场，并检测用户设备在磁场中的位置和方向，来捕捉用户的动作。优点是可以在较大的空间中进行跟踪，缺点是受到金属和电子设备的干扰。

④超声波跟踪技术：这种技术通过发射和接收超声波信号，来捕捉用户的动作。优点是设备简单、成本低，缺点是精度较低，容易受到环境噪声的影响。

⑤射频识别（RFID）跟踪技术：这种技术通过在用户的设备上安装射频识别标签，然后利用射频识别阅读器来检测标签的位置和方向。优点是可以在较大的空间中进行跟

踪，缺点是射频识别标签需要定期更换。

在虚拟现实领域中，常见的用于感知交互技术和捕捉跟踪设备的硬件产品如表 2-10 所示。

表 2-10 感知交互技术和捕捉跟踪设备的硬件产品

序号	设备类型	作用	常见产品
1	头戴式显示器	将虚拟世界的图像投射到用户的眼睛中，提供身临其境的视觉体验	Oculus Rift S, HTC VIVE Pro, 索尼 PlayStation VR, 维尔福 Index, 惠普 Reverb G2
2	手柄控制器	让用户通过手部动作进行交互，例如控制虚拟物体的移动和操作	Oculus Touch, HTC VIVE Controllers, 维尔福 Index Controllers
3	运动捕捉设备	跟踪用户的身体运动和位置，实现视觉内容的实时呈现，使用户可以在虚拟世界中进行自然的交互，包括"F"的穿戴式捕捉设备，也有深度摄像机的非穿戴式装置	HTC VIVE Tracker, OptiTrack Prime Series, Perception Neuron
4	智能手套	可以更准确地跟踪用户手部的细微动作	Manus VR Gloves, HaptX Gloves
5	身体捕捉套装	这些套装通常包括多个传感器和跟踪器，可以对用户的整个身体进行精确跟踪，从而提供更加真实的虚拟现实体验	Perception Neuron Pro, Xsens MVN Awinda Starter
6	眼动仪	可以跟踪用户的眼球运动，从而使虚拟现实体验更加自然和沉浸	Tobii Eye Tracker 5, Pupil Labs Core, 司迈 REDn Scientific

2.3.3 Meta 的神经传感技术

Meta）的神经传感技术主要依靠头戴式设备内置的传感器，包括陀螺仪、加速度计、磁力计、光线传感器等，传感器可以用来跟踪用户的头部运动、手部姿势、眼部运动等生理指标，并将数据传输到计算机或移动设备中进行处理和分析。此外，Meta 还开发了自己的算法，以解析传感器数据、识别用户的行为模式、推断用户的意图。该技术不仅可以帮助开发者更准确地识别用户意图，还可以提供更多有关用户行为习惯的信息。

Meta 的神经传感技术主要依靠传感器和算法实现，可以简单概括为以下几个步骤：

①传感器采集数据：通过头戴式设备内置的传感器，采集用户的头部运动、手部姿势、眼部运动等数据。

②数据处理和分析：将传感器采集的数据传输到计算机或移动设备中，利用 Meta 的算法和机器学习模型，对数据进行处理和分析，解析用户的行为模式、推断用户的意图等。

③虚拟现实呈现：根据算法和模型的分析结果，将实现更为真实的沉浸式虚拟现实体验。

Meta 的神经传感技术可以应用于多种场景，具体如下：

①虚拟现实游戏：利用神经传感技术，玩家可以在虚拟现实游戏中更加自然地控制游戏角色，提高游戏的沉浸感和交互性，更加真实地感受到游戏中的世界。这种技术可以让玩家以一种全新的方式进行互动，而不需要传统的控制方式。例如，玩家可以使用触觉和视觉来控制自己在虚拟现实游戏中的动作，也可以使用声音和触觉来进行互动，从而更好地感受到游戏世界的真实环境。

②身体运动追踪：这是一种新型的智能设备，可以实时追踪用户的身体运动和姿势。它能够实现实时数据处理，让用户更加深入地了解自己的身体状况，从而更好地进行运动训练，提高身体素质，因而可以应用于健身、体育训练等领域，为用户提供更加科学的个性化训练方案。

③面部表情识别：这是一种基于生理指标的技术，可以通过分析用户的眼部运动和面部表情，来识别用户的情感状态和交流意图。在人机交互中，该技术可以用于检测用户的面部表情，并根据用户的情绪状态来调整行为，从而使互动更加有趣、自然和有效。此外，该技术还可以用于远程医疗，通过分析面部表情来检测患者身体状况和心理状态，实现更高效、更精准的医疗服务。

④手势控制：这是一种非常有效的人机交互方式，神经传感技术可以有效追踪用户的手部姿势，从而实现更为自然的手势交互。它可以用于虚拟现实/增强现实游戏、人机交互等多种场景，例如游戏中的操作、按键识别和虚拟环境中的导航等。通过手势控制，用户可以轻松地改变游戏画面中的操作，让游戏更加有趣。此外，它还可以帮助用户更好地理解并识别虚拟环境中的各种物体，提高用户对虚拟环境的认知。

尽管神经传感技术的优越性明显，但目前存在较大的技术瓶颈，安全性也不易保证，很多技术内容都只是实验室研究阶段，没有具体的应用产品。

感知交互技术的应用领域非常广泛，包括虚拟现实、增强现实、智能家居、自动驾驶、机器人、医疗健康、教育培训、娱乐游戏等。在虚拟现实和增强现实领域，用户可以通过眼睛移动、手势、语音等自然交互方式，与虚拟世界进行交互，获得沉浸式的体验；在智能家居和自动驾驶领域，机器可以通过感知用户的行为和情绪，自动调整环境和驾驶状态，提供智能化的服务；在机器人和医疗健康领域，机器可以通过感知用户的身体和生理信息，提供个性化的辅助和治疗；在教育培训和娱乐游戏领域，机器可以通过感知用户的学习和游戏行为，提供互动式的学习和娱乐。

感知交互技术的发展面临着许多挑战，包括技术挑战、设计挑战和伦理挑战。技术挑战主要包括感知能力的提升、多模态信息的融合、人工智能技术的优化等；设计挑战主要包括用户体验的优化、交互方式的创新、反馈机制的设计等；伦理挑战主要包括隐私保护、数据安全、机器道德等。

总的来说,感知交互技术是一种以人为中心的交互技术,它通过实现人和机器之间自然直观的交互,提高用户的使用体验和满意度。同时,感知交互技术也为机器提供了更加丰富和深入的用户信息,提高了机器的智能化处理能力。尽管感知交互技术的发展还面临着许多挑战,但广泛的应用前景和巨大的社会价值,将使其成为未来交互技术的重要发展方向。

2.4 5G通信网络与云虚拟现实架构

（1）云VR将推动虚拟现实应用的进一步发展

云VR将内容处理和渲染操作配置到云端，通过高速、稳定的网络传输技术，将渲染产生的视频流发送到用户终端。端云协同的虚拟现实网络分发和应用服务聚合平台（Cloud VR）的诞生和发展，将助推虚拟现实产业发展。

①终端设备只需采集用户交互数据、处理终端渲染，大幅降低了终端设备成本，并且维持良好的用户体验，对虚拟现实业务的流畅性、清晰度、无绳化等提供保障。

②内容处理和渲染独立于终端，可以便捷地适配不同设备。

③云VR有望拓展到虚拟现实内容制作领域。

（2）云VR业务带来的技术挑战

虚拟现实业务对迟延的要求极高，排除端侧迟延，对网络和云端要求近乎零迟延。因此，云VR应用面临极大的技术挑战，需要完善的5G基础设施建设和服务能力才能实现。

依据扩展现实业务的交互需求，《5G云XR端到端能力需求研究报告》[①]把云XR业务划为三大类：弱交互VR业务、强交互VR业务和云AR业务，如表2-11所示。

表2-11 三类云扩展现实业务的交互需求和应用场景

业务分类	交互需求	应用
弱交互云VR	用户与虚拟环境中的物体不发生肢体动作交互，仅在一定程度上选择视角和位置	巨幕影院，点播/直播，全景视频
强交互云VR	用户可通过交互设备，与虚拟环境中的物体进行深度互动	游戏，社交，教育
云AR	用户可通过显示设备，将真实世界与虚拟场景/信息（视觉、听觉、触觉等）结合在一起的增强现实	医疗，通讯，工业

表2-12列出了扩展现实业务云网的详细需求指标[②]。根据不同应用场景的业务需求，强交互虚拟现实云对下行码率、网络往返传播时延（RTT）、云端迟延和终端迟延的要求最为苛刻。

---

① 中国移动5G联合创新中心：《中国移动5G联合创新中心创新研究报告－5G云XR端到端能力需求研究报告》，2020年8月。

② 中国移动5G联合创新中心：《中国移动5G联合创新中心创新研究报告－5G云XR端到端能力需求研究报告》，2020年8月。

表 2-12 云扩展现实业务云网需求指标

阶段	5G 起步阶段（2020—2021 年）			5G 进阶阶段（2022—2025 年）		
业务类型	弱交互云虚拟现实	强交互云虚拟现实	云增强现实	弱交互云虚拟现实	强交互云虚拟现实	云增强现实
典型场景	视场视频	三维游戏	多人协作	视场视频	三维游戏	多人协作
内容分辨率	双眼 4K	双眼 4K	1080P	双眼 8K	双眼 8K	2K
帧率/（帧·s^{-1}）	30	60	30	30~60	90	90
编码	H.264/AVS2	H.264/AVS2	H.264/AVS2	H.265/AVS3	H.265/AVS3	H.265/AVS3
传输方式	视场	视场	视场	视场	视场	视场
传输协议	传输控制协议/用户数据报协议+	用户数据报协议+	用户数据报协议+	传输控制协议/用户数据报协议+	用户数据报协议+	用户数据报协议+
业务类型	弱交互云虚拟现实	强交互云虚拟现实	云增强现实	弱交互云虚拟现实	强交互云虚拟现实	云增强现实
上行码率/（Mb·s^{-1}）	35（直播）	—	10	120（直播）	—	20
下行码率/（Mb·s^{-1}）	17~35	23~47	6~12	84~120	120~130	19~28
上行带宽	1.4 倍码率	—	1.4 倍码率	1.4 倍码率	—	1.6 倍码率
下行带宽	1.2 倍码率	1.4 倍码率	1.4 倍码率	1.4 倍码率	1.6 倍码率	1.6 倍码率
业务往返传播时延/ms	200	80~100	130~150	200	80~100	130~150
网络往返传播时延/ms	100	30	50	100	30	50
云端时延/ms	50	30	50	50	30	50
终端时延/ms	50	20	30	50	20	30
确定性	毫秒级	毫秒级	毫秒级	毫秒级	毫秒级	毫秒级

（3）5G 通信技术赋能云 VR 业务

近年来，5G 技术赋能虚拟现实业务的研究热度持续升温，多个 5G 行业应用报告浓墨重彩地描绘了虚拟现实应用愿景，深入探讨 5G 技术赋能虚拟现实业务面临的机遇和挑战。

①5G 网络建设统一规划推进。根据 IMT-2020（5G）推进组的规划，5G 核心网部署需要在有限的时间内完成数据中心组网、网络功能虚拟化基础设施（NFVI）平台建设、4G 核心网络（EPC）升级和虚拟化改造、5G 核心网的建设、总结与展望验证等诸多任务。

②我国政府高度重视基础网络设施的建设和效能提升。在 2021 年《政府工作报告》中明确提出要加大 5G 网络和千兆光网建设力度，丰富应用场景。在 IMT-2020（5G）推进组的组织下，华为以 1 ms 时延顺利完成了低时延高可靠通信（URLLC）技术实验室测试。测试结果表明，采用 5G R15 以及 R16 低时延高可靠关键技术，5G 毫米波设备在 99.999% 的可靠性水平下，实现了 1 ms 的双向端到端时延。该项技术满足超低时延和超高可靠性信息通信的要求，与虚拟现实增强现实业务的需求契合。

③5G 终端设备发展迅猛，推动商业应用规模大幅增长。2021 年 4 月，国际标准化组织正式确定 5G-Advanced（5G-A）为 5G 下一阶段演进官方名称，这标志着全球 5G 发展进入新阶段。截至 2022 年 6 月，全球运营商共部署 221 个 5G 网络，覆盖超过 50% 的市场和 7 亿多 5G 用户。5G 终端也加快上市，全球 193 家厂商共发布 1 454 款 5G 终端。随着 5G 大规模商用，全球业界开启了 5G 下一阶段演进的技术研究和探索。

（4）面向虚拟现实业务的"云网边端"算力协同架构

虚拟现实业务对时延的要求极高，单纯的云网架构难以实现。因此，构建"云网边端"算力协同架构，有助于实现良好的虚拟现实体验。

如表 2-13 所示，云虚拟现实业务架构由 5G 网络、边缘云、中心云和终端四个部分组成。该架构将原有的端侧应用，通过升级的管道能力（5G 从空口、接入、承载以及核心的端到端）进行再部署，将核心能力分布在边和云端，同时通过边侧更为灵活的异构虚拟化加速，以及云侧更为安全和集中的策略管控和服务"软件即服务（SaaS）"化，提供更为强大的算力、存储及应用能力的支撑和升级。

表 2-13　云网边端协同

组成	概念	资源配置需求	功能
云（云平台）	云计算以及用以支撑云计算的基础设施及资源	提供强大算力与存储、资源调度管理、应用支撑的软硬件设施	调度管理；服务热迁移；图形渲染；内容拼接；数据存储；编码与解码；组播分发等
网（网络）	连接云端和边缘，以及边缘和用户	骨干网、城域网、接入网和家庭网络的资源配置	负责为云虚拟现实业务提供大带宽、低时延的稳定传输
边（边缘计算节点）	离终端最近的网络服务节点	通过具备一定服务能力的资源部署，实现相关计算和缓存的延时和服务提升	图形渲染；图像编码；同步定位与地图构建算法执行；对象识别与跟踪
端（终端）	可联网的视觉、听觉、力触觉、嗅觉呈现与交互设备，是云、边、网的服务对象，位于网络最外围	包含手机、平板、电视、投影、头戴式显示器等设备	数据采集；内容呈现；家庭网络接入以及用户鉴权等

2.5 内容生成技术与平台

2.5.1 虚拟现实建模技术

虚拟现实技术利用虚拟数字空间来模拟真实世界的事物，因此需要逼真的数字模型，以创建虚拟现实场景中的对象和环境，包括人物、动物、物品、建筑、景观等。建模技术的发展和创新，是丰富虚拟现实应用场景和内容最首要的技术支持。虚拟现实建模技术主要分为几何建模技术、运动建模技术和物理建模技术。

（1）几何建模技术

几何建模技术是虚拟现实技术中应用最广泛的建模技术之一，它利用几何学来描述物体的形状、大小、位置等属性，并用三维建模软件将这些属性转换为三维几何模型。常见的几何建模软件包括 3DS Max、Maya、Blender 等。几何建模技术适用于需要高精度、高逼真度的场景，例如机械工程、建筑设计等。

①扫描建模技术。

扫描建模技术使用三维扫描仪，将实际物体扫描成三维数字模型，再进行后续处理和优化。这种建模方法的主要特点是，可以快速获得真实物体的准确几何形状和表面特征，不需要手动绘制或设计，能够避免手工建模的复杂过程和设计误差。此外，数字化的三维模型可以存储、传输和再现，因此扫描建模技术可以帮助减少原型开发和制造过程中的时间和成本。

但是，扫描建模技术也存在局限。例如，扫描仪的大小要适应所扫描的对象，实物大，则扫描仪占据空间大；扫描仪对于表面纹理等细节不易捕捉；扫描出的模型会存在噪点，需要进行后期处理和优化，以确保模型的质量。

②图像建模技术。

图像建模技术是一种利用图像处理和计算机视觉技术实现三维建模的方法，基本原理是从多个角度对物体进行拍摄，再对这些图片进行处理和分析，得到物体的三维信息，进而生成三维模型。常用的图像建模技术包括结构光扫描、立体摄影、多视角重建等。

图像建模技术包括两个关键阶段：图像处理和三维重建。在图像处理阶段，需要对获取的图像进行预处理、图像匹配和三维点的计算等操作。

预处理主要包括去噪、亮度调整、图像增强等，以提高后续操作的准确性和可靠性；图像匹配是将不同视角的图像匹配起来，得到相应的相机参数和点云信息；三维点的计算是根据图像匹配的结果，计算出每个像素点对应的三维坐标。

在三维重建阶段，需要对三维点云进行后处理、重建表面等操作，最终得到物体的三维模型。

（2）运动建模技术

几何建模只是反映了虚拟对象的静态特性，而虚拟现实中还要表现虚拟对象在虚拟世界中的动态特性，包括位置变化、旋转、碰撞、伸缩、手抓握、表面变形等方面的属性。

在建立运动模型时，需要考虑到物体的质量、受力情况、摩擦力等物理因素。其中，受力情况是非常重要的，它决定了物体运动的轨迹和速度。在虚拟现实中，通常使用牛顿定律描述物体受力情况。

除了建立运动模型，还需要考虑碰撞检测和响应。碰撞检测用于检测物体是否与其他物体或环境发生碰撞，以及碰撞的时间和位置；碰撞响应则用于计算碰撞后物体的速度和角度等信息。

运动建模技术还可以结合人工智能技术，实现自主运动。例如，利用神经网络对物体运动进行预测，或者借助路径规划算法实现物体的自主导航等。

（3）物理建模技术

在几何建模和运动建模之后，虚拟世界建模的下一步是综合体现对象的物理特性，包括重力、惯性、表面硬度、柔软度和变形模式等，这些特征与几何建模和行为法则相融合，形成更具有真实感的虚拟环境。例如，用户用虚拟手握住一个球，如果建立了这个球的物理模型，用户就能真实地感觉到它的重量、硬软程度等。物理建模是虚拟现实中比较高层次的建模，它需要物理学和计算机图形学的配合，涉及力反馈问题，是重量建模、表面变形和软硬度等物理属性的综合体现。分形技术和粒子系统就是典型的物理建模方法。

①分形技术。

分形技术是一种自相似的几何形状描述方法，能够描述自然界中很多复杂的非线性现象，如云朵、树枝、山脉、海岸线等，其特点是具有不规则、复杂的形态，并且在不同的尺度下具有相似的结构。在虚拟现实技术中，分形技术可以被用来构建自然风景、地形、树木等各种复杂的物体。

②粒子系统。

粒子系统属于经典的物理建模系统，用于模拟自然现象和物体的特定属性。粒子系统可以生成大量的小粒子，可以为每个小粒子设置不同的物理属性和行为，整体模拟出各种自然现象，如火焰、烟雾、水流等等。例如，可以设置火焰或水流的颜色、形状、大小等属性，控制粒子的速度、旋转、碰撞等行为，使得粒子系统模拟出逼真的火焰或水流效果。

2.5.2 人工智能生成内容

人工智能生成内容（AIGC）是指使用人工智能技术生成虚拟现实内容的过程，可以用于创建三维模型、纹理、动画、音效等。人工智能生成内容技术的发展使得虚拟现实内容的创作变得更为简单和高效，同时也为虚拟现实内容的多样性和丰富性提供了可能。例如，可以用来创建多元化的游戏角色，让每个角色具有自己的性格、行为模式和决策能力，同时也可以生成复杂的游戏世界，包括各种环境、天气、地形等。在虚拟现实环境中，人工智能生成内容技术可以提供更加沉浸式和真实的体验。例如，游戏角色可以根据玩家的行为和选择，进行自适应的反应，游戏环境也可以根据玩家的行动和决策进行动态调整。

相关算法模型的简要介绍及其在虚拟现实领域的应用发展详见表 2-14。

表 2-14 算法模型介绍及其应用发展

技术	介绍	发展
生成对抗网络	生成对抗网络是一种人工智能模型，它由两个神经网络组成，一个是生成器，另一个是判别器。生成器的任务是创建尽可能真实的数据，而判别器的任务是判断这些数据是否真实	在虚拟现实领域，生成对抗网络可以用于生成高质量的三维模型和纹理
强化学习	强化学习是一种机器学习方法，它通过让人工智能系统在环境中进行试错学习，逐渐改善其行为策略	在虚拟现实中，强化学习可以用于生成复杂的人工智能行为和交互
自然语言处理	自然语言处理是人工智能的一个重要分支，它可以使机器理解并生成人类语言	在虚拟现实中，自然语言处理可以用于生成对话和剧情，实现更自然的人机交互
深度学习	深度学习是一种基于神经网络的机器学习方法，它可以处理大量数据，并学习数据的深层次特征	在虚拟现实中，深度学习可以用于生成复杂的三维场景和特效
迁移学习	迁移学习是一种机器学习方法，它可以将在一个任务上学习到的知识应用到另一个任务上	在虚拟现实中，迁移学习可以用于提高内容生成的效率和质量

随着人工智能技术的不断发展，人工智能生成内容技术在虚拟现实领域的应用将更加广泛和深入。在虚拟现实领域中，大模型不仅可以提供更加丰富细致的视觉效果，还可以为人工智能生成内容提供更多的可能性。但同时，大模型也会带来更高的计算和存储需求。

对于人工智能生成内容来说，大模型可以提供更为丰富的数据和更多的训练参数，从而使得生成的内容更为真实和多样。例如，使用大模型，可以生成更精细的三维模型和纹理，也可以创建更复杂的人工智能行为和交互。

然而，大模型也会带来一些挑战。首先，大模型需要更多的计算资源和存储空间，这对于设备性能和网络带宽提出了更高的要求。其次，大模型的训练和优化也更为复杂，需要更多的时间和技术投入。

关于大模型对人工智能生成内容的影响和趋势，有以下几点：

①提高生成内容的质量：随着计算能力的提高和存储成本的降低，大模型将越来越多地被用于人工智能生成内容，从而生成更高质量的虚拟现实内容。

②优化模型的训练和使用：为了应对大模型带来的挑战，一方面，研究人员将开发更有效的模型训练和优化技术；另一方面，也将探索更高效的模型压缩和部署方法，以降低大模型的使用成本。

③创新人工智能生成内容的应用：大模型将为人工智能生成内容提供更多的可能性，不仅可以生成更真实的视觉效果，也可以创造更丰富的交互体验，甚至可能实现一些之前无法实现的创新应用。

④强调数据的重要性：大模型的训练需要大量的数据，这将更加强调数据的重要性。因此，如何获取、处理和使用数据，将成为人工智能生成内容的重要问题。

总的来说，大模型将在一定程度上推动人工智能生成内容的发展，但同时也需要解决一些由此带来的挑战。

2.5.3 相关算法

①渲染算法：渲染算法是虚拟现实技术中最基本的算法之一，用于将建模得到的虚拟场景图形化地显示在屏幕上。它将三维场景和物体转化为二维图像，通常包括光照、阴影、纹理等处理。传统的渲染算法包括光线跟踪、光栅化等，目前虚拟现实技术中常用的渲染算法包括基于物理的渲染算法（PBR）、光线跟踪算法（RTX）等。基于物理的渲染算法可以更真实地模拟光线在物体表面上的反射、折射和吸收等物理过程，从而实现更真实的场景渲染；光线追踪算法能够实现更真实的阴影效果和反射效果。

②物理模拟算法：物理模拟算法可以模拟真实世界中的物理效应，例如重力、碰撞等。它可以让虚拟世界中的物体动态模拟真实物理规律，从而让虚拟世界更加真实。常见的物理引擎包括 Bullet 和 PhysX 等。

③碰撞检测算法：虚拟现实中的碰撞检测算法是指判断虚拟世界中的两个或多个物体是否相交或碰撞的计算方法。在虚拟现实应用中，碰撞检测算法是至关重要的，它能够确保虚拟世界中的物体与用户的交互能够产生真实的感觉，增加用户的沉浸感。常见的碰撞检测算法包括分离轴定理、包围盒碰撞检测算法等。

④人工智能算法：人工智能算法用于实现虚拟场景中的智能化，包括行为识别、路径规划、决策制定等，也可以为虚拟世界中的角色（包括非玩家角色）提供智能行为，例如游戏中的人工智能敌人。人工智能算法可以实现虚拟角色的自主行动和互动，使得虚拟现实场景更加生动和有趣。常用的人工智能算法包括神经网络、遗传算法、强化学习等。

⑤声音合成算法：虚拟现实技术中的声音合成算法主要是为了在虚拟环境中产生逼真的声音效果。声音合成算法可以通过对不同的声音元素进行组合，生成新的声音，主要使用数字信号处理、采样、规则或机器学习等技术，生成逼真的声音效果，以增强虚拟环境的真实感和沉浸感。常用的声音合成算法包括传统的声波合成算法、物理建模算法和混响算法等。

2.5.4 开发引擎

虚拟现实内容生产的开发引擎是一种软件平台，它为开发人员提供了一系列工具和功能，帮助创建高质量的虚拟现实应用程序。虚拟现实引擎通常包括以下几个核心功能：

（1）图形渲染引擎

虚拟现实引擎需要提供高效的图形渲染引擎，从而使虚拟现实场景看起来更加逼真。这些引擎通常使用高级渲染技术，如光线跟踪和阴影映射，来实现逼真的场景渲染。

（2）物理模拟引擎

虚拟现实引擎需要提供物理模拟引擎，以使虚拟现实场景中的物体有真实的物理特性。这些引擎通常使用牛顿力学和其他物理学原理来实现逼真的物理模拟。

（3）用户交互引擎

虚拟现实引擎需要提供用户交互引擎，以使用户能够与虚拟现实场景中的物体和人物进行互动。这些引擎通常提供手柄、手套或其他输入设备的支持，以实现与虚拟现实场景的互动。

（4）多平台支持

虚拟现实引擎需要支持多种平台，如电脑端、移动设备、虚拟现实/增强现实头显等。这些引擎通常提供跨平台开发环境，以便开发人员可以在多个平台上构建并测试虚拟现实应用程序。

常用的虚拟现实引擎有：

（1）Unity 引擎

Unity 是当前虚拟现实开发中最常用的引擎之一，支持多种平台，包括电脑端、移动设备、虚拟现实、增强现实等。Unity 引擎的开发者社区十分活跃，提供了丰富的插件和工具，使开发者可以更加高效地开发虚拟现实应用程序。

（2）虚幻引擎

虚幻引擎是另一个非常流行的虚拟现实开发引擎。它提供了丰富的虚拟现实功能和工具，包括虚拟现实渲染、物理模拟等，支持多种平台。

（3）CryEngine 引擎

CryEngine 是一种高性能的虚拟现实开发引擎，提供了许多创新的功能和工具，包括强大的虚拟现实渲染、物理模拟等，支持多种平台。

（4）Lumberyard 引擎

Lumberyard 是亚马逊公司开发的一种虚拟现实开发引擎，具备丰富的虚拟现实功能和工具，包括高质量的虚拟现实渲染、物理模拟等；支持多种平台。

（5）TMAX3D（神农）

TMAX3D（神农）是广州市大湾区虚拟现实研究院和北京真景科技有限公司联合开发的国内首创自主可控工业级扩展现实平台，支持工业级实时渲染引擎，支持多种超高质量数字模型的可视化渲染方式，支持在线云应用（5G 云渲染）。

2.6 元宇宙与数字人及部分前沿技术

2.6.1 元宇宙概念

"元宇宙（Meta verse）"一词源于 1992 年出版的科幻小说《雪崩》（*Snow Crash*），被描述成一个虚拟现实的可交互空间。Meta 公司创始人扎克伯格指出，在元宇宙中，虚拟世界和现实世界之间是无缝连接的，用户可以在模拟的共享环境下，化身为数字人和全息图像，进行工作和社交互动。元宇宙中的交互都是可持续的，并实时共享处理。由于元宇宙集合了多种技术，因此所有的活动都可以在元宇宙的帮助下进行，如社交娱乐、教育和投资等，其中元宇宙教育能够有效弥补在线远程教学所用二维电子学习工具的局限性。

元宇宙的概念很宽泛，简单地说，它是互联网的下一个阶段，是由增强现实、虚拟现实、三维技术、人工智能等技术支持的虚拟现实的网络世界。元宇宙是人类运用数字技术构建的、由现实世界映射或超越现实世界、可与现实世界交互的虚拟世界、具备新型社会体系的数字生活空间。元宇宙中有各种类型的数字空间和物理空间，可以让人们以新的方式理解、操纵并模拟现实世界。

元宇宙使用扩展现实技术，包含虚拟现实、增强现实和混合现实等多感官交互技术，需要相关的硬件设备，如头戴式显示器、手柄、肢体追踪器等。通过三维视觉、立体声音、触感反馈和虚拟物体的自然交互系统等内容，提高真实感，向用户提供沉浸式的体验。智能手机能启用高质量的虚拟现实应用程序，有助于推进元宇宙的广泛应用。随着区块链、虚拟货币和数字资产等安全技术的发展，元宇宙服务的经济效率和稳定性也会逐渐提高。

元宇宙的硬件产品与设备主要包括两大类：基础设施和终端设备。

基础设施是指为元宇宙提供计算、存储、传输、渲染等能力的硬件，如云计算、边缘计算、芯片、5G/6G 网络等。这些硬件可以降低用户触达元宇宙的门槛，提升元宇宙的性能和稳定性。

终端设备是指为用户提供虚拟体验和交互的硬件，如虚拟现实/增强现实头盔、智能眼镜、交互手套、鞋等。这些硬件可以增强用户在元宇宙中的沉浸感和参与感，丰富用户在元宇宙中的行为和表达。

元宇宙的未来发展有着无限的可能性和创造力，将极大推动技术进步、产业变革和社会变革，引领人类走向数字文明新纪元。

①技术进步：随着技术的不断革新和进步，元宇宙的虚拟环境将更加逼真、互动性更

强，用户体验将不断提高，一些目前无法实现的创意和想象将变得更加真实，例如消费级虚拟现实/增强现实硬件、脑机接口等技术，将为元宇宙提供更多可能性。

②产业变革：元宇宙的普及将推动实体经济与数字经济加速深度融合，各类技术价值也将在赋能实体产业中逐步显现。元宇宙将带来新的商业模式，重构分配模式，再造组织形态，重塑产业关系。例如元宇宙中的数字资产、虚拟地产、数字艺术等领域，将成为新的增长点和创新空间。

③社会变革：元宇宙作为互联网未来的发展方向，是最贴近未来数字社会"虚实相融"的新型社会形态，有着无比巨大的社会影响力。例如元宇宙中的人际交流、文化传播、教育娱乐等方面，将改变人们的生活方式和价值观念。

元宇宙是一个充满机遇和挑战的新兴领域，同时也面临一些挑战和风险：

④产业霸权挑战：一些大型互联网公司可能利用自身的技术、数据、平台优势，垄断元宇宙的基础设施、内容、服务等，影响元宇宙的公平竞争和多样性。

⑤法律伦理挑战：元宇宙中的数字身份、数字资产、数字权利等涉及法律保护和责任界定的问题，而现有的法律体系可能难以适应元宇宙的复杂性和动态性。此外，元宇宙中也可能出现一些伦理冲突和道德困境，如虚拟暴力、隐私泄露、版权侵权等。

⑥技术安全挑战：元宇宙依赖高度集成的前沿技术，如虚拟现实/增强现实、5G/6G、人工智能、区块链等，这些技术本身存在不稳定性和不可预测性，可能导致系统故障或遭到恶意攻击。同时，元宇宙还需要保证用户数据的安全性和可信度，防止数据被篡改或滥用。

⑦社会心理挑战：元宇宙中的虚拟体验可能影响用户对现实世界的认知和判断，造成心理偏差或失衡。例如，用户可能过度沉迷于虚拟世界而忽视现实生活、在虚拟世界中表现出与现实世界不一致的行为或价值观、在虚拟世界中遭受欺凌或歧视等。

从2021年开始，多个国家对元宇宙进行布局。在我国，相关部委和各地方政府针对元宇宙相关产业的政策设计也有序推进。据壹零智库不完全统计，截至2023年3月，全国已有42个省市发布约114项元宇宙建设规划和扶持政策，以不同形式助力元宇宙相关产业良性发展。2022年10月，工信部工业文化发展中心牵头成立工业元宇宙协同发展组织，并发布《工业元宇宙创新发展三年行动计划（2022—2025年）》，提出3年实现3个100的目标，着力推动工业元宇宙的技术储备、标准研制、应用培育和生态构建全方位健康发展。2023年9月，工业和信息化部办公厅、教育部办公厅、文化和旅游部办公厅、国务院国资委办公厅、广电总局办公厅等五部门联合印发《元宇宙产业创新发展3年行动计划（2023—2025年）》，目标是到2025年，元宇宙技术、产业、应用、治理等取得突破，成为数字经济重要增长极，产业规模壮大、布局合理、技术体系完善，产业技术基础支撑能力进一步夯实，综合实力达到世界先进水平。

北京市、上海市、武汉市、合肥市、厦门市、深圳市、杭州市、南京市、广州市等均对元宇宙发展给予相关支持。北京市通州区出台了元宇宙创新引领发展的若干措施，依托通州产业引导基金，采用"母基金+直投"的方式联合其他社会资本，打造一支覆盖元宇宙产业的基金；上海市提出围绕元宇宙布局，重点培育元宇宙龙头企业，打造一批元宇宙示范应用项目；广州市南沙区出台了推动元宇宙生态发展九条措施，以"八个一"措施为抓手，加快推进元宇宙产业发展，力争将南沙区打造为元宇宙创新发展高地；广州市黄埔区、广州开发区发布"元宇宙10条"，明确从建设具有黄埔特色的元宇宙标志性场景、元宇宙关键共性技术与通用能力的价值创新与公共服务平台、特定研究方向的元宇宙相关项目等三个层面进行奖励，最高补贴分别达500万元。目前，中国各地对元宇宙的支持和行动主要集中在技术研究和开发、产业布局和应用探索等方面，重点推进医疗健康、智慧城市、教育培训、文化旅游和智能制造等领域的元宇宙创新应用。

2.6.2 数字人概念

数字人也叫虚拟人，是一种利用计算机图形学和人工智能技术创建的、能够模拟人类行为和情感的虚拟人物，可在虚拟现实中模拟真实人的存在。数字人除了具备人的外观、行为之外，还可以拥有人的思想，具有识别外界环境、与人交流互动的能力。

数字人广泛应用在仿真、游戏、影视、医学和人体工程等范畴。要创建这类具备真实性的数字人，需要考虑三个方面：①有逼真的外观模型，包括现实中真人的脸、身体形状和衣服，可以利用计算机视觉技术来创建数字人的形象；②有自然的行为动作，包括肢体运动和微表情，可以利用动作捕捉器实现行为建模；③可进行人类高级行为，如交流、互动和思考等，这些行为都可以利用人工智能来实现，例如自然语言处理技术，能够让数字人分析和理解用户的语言文字，并生成对应的回答。

一个基本的数字人包括合成语音、虚拟人脸或虚拟化身，模仿人的动作和微表情。人工智能模型能够实现超个性化学习、记忆用户信息和偏好，可以为用户的交流互动提供个性化的响应方式，实现更多更高级的智能行为。当然，区分真实的人类行为和经过处理的图像、声音也变得具有挑战性。

数字人的分类与应用场景一般分为以下几个方面，如表2-15所示。

表2-15 数字人的分类与应用场景

数字人分类	应用领域	应用实例	主要特点
虚拟角色	娱乐行业	电影和电视、视频游戏、虚拟现实	高度逼真，可自定义，提供丰富的视觉效果
虚拟助手	商业领域	虚拟助手、营销和广告	高度互动，提供个性化的服务，提高客户满意度和品牌形象

续表

数字人分类	应用领域	应用实例	主要特点
模型训练	教育和培训	在线教育、模拟训练	提供安全的学习环境和可重复的训练场景，提高学习效率
虚拟社交	社交媒体	虚拟偶像、社交平台	提供新的社交体验，增强用户的参与感和归属感

创建数字人的技术主要涉及计算机图形学、人工智能和机器学习等领域。这些技术可以用来创建逼真的三维模型，模拟复杂的行为和情感反应，理解并响应用户的命令。以下是一些关键技术和相关的硬件支持：

①三维建模和渲染：这些技术需要强大的计算能力来处理复杂的三维模型和图形。因此，高性能的处理器（如 Inter Core i7 或 AMD Ryzen7）、大量的随机存取存储器（RAM），以及高级的图形处理单元（如 NVIDIA GeForce RTX 2080 或 AMD Radeon RX 5700 XT）是必不可少的。

②人工智能和机器学习：这些技术可以用来训练数字人理解并响应用户的命令，以及模拟复杂的行为和情感反应。这通常需要大量的计算能力和存储空间，因此，高性能的处理器、大量的 RAM，以及大容量的机械硬盘或固态硬盘是必要的。

③语音识别和合成：这些技术可以用来让数字人理解用户的语音命令，并用模拟人类的语音进行回应，通常需要专门的音频处理硬件和软件。

④面部捕捉和动作捕捉：这些技术可以用来捕获人类的面部表情和身体动作，然后应用到数字人上，通常需要专门的摄像头和传感器，如微软的 Kinect 或宏达电 VIVE 的追踪器。

⑤虚拟现实和增强现实：这些技术可以用来在虚拟环境或真实环境中展示数字人，通常需要专门的显示设备，如 Oculus Rift 或宏达电 VIVE 的头戴式显示器，以及相关的传感器和控制器。

根据腾讯研究院发布的《2023 数字人产业发展趋势报告》，数字人的未来发展趋势主要有以下几点：

①数字人制造和运营服务的企业用户市场不断扩大，将面向更广大的个人用户提供服务；各类数字人价值定位和商业模式有差异。

②数字人技术不断迭代，人工智能技术是核心驱动力，将实现高度拟人化的"思想和行为"，提升用户体验。

③数字人行业应用领域不断拓展，娱乐、教育、医疗等领域成为重点方向，同时也面临一些挑战和风险。

④C 端数字人发展迅速，虚拟偶像、人工智能学生等类型各具特色，满足用户多元化需求。

⑤千行千面的数字人将成为人机交互新入口,但深度上仍需挖掘。
⑥用户生成内容(UGC)数字人将加速出现,成为未来产业的增量空间。
⑦数字人仍以二维显示设备为主,三维显示设备成为特定领域的新解法。

数字人的未来发展仍面临一些挑战,主要表现在以下几个方面:

①技术壁垒:数字人的制作需要高水平的技术团队和专业的设备,涉及多个领域的知识和技能,如三维建模、动作捕捉、语音合成、自然语言处理等。

②成本问题:数字人的生产和运营成本较高,需要大量的数据和算力支持,以及持续的内容更新和优化。

③变现难题:数字人目前主要应用于娱乐、教育、广告等领域,但商业价值和盈利模式还不够清晰和成熟,需要探索更多的场景和用户需求。

④法律风险:数字人涉及版权、隐私、道德等法律问题,如何保护数字人创作者和使用者的权益,如何防止数字人被滥用或造成负面影响,都需要相关法规和标准来规范。

2.6.3 相关技术简要介绍

元宇宙的技术架构通常包含以下几个关键部分:

(1) 基础设施层

这是元宇宙的基础,包括云计算平台、数据中心、网络设备等,用于支持元宇宙的运行。

①云计算和边缘计算:云计算和边缘计算可以提供大量的计算资源和存储资源,支持元宇宙的运行。云计算可以实现元宇宙的大规模并行处理和实时数据同步;边缘计算可以将计算任务放在离用户更近的地方,提高元宇宙的响应速度和用户体验。

②系统集成技术:数字人的应用需要大量数据并且涉及多个系统的集成,其中包含不同的软件和硬件系统的支持,因此通过网络、数据库等技术,实现虚拟环境的分布式存储和共享,达到不同系统之间的无缝连接和信息共享,实现数字人技术全面有效的应用。

(2) 平台层

这一层包括各种服务和应用程序接口,如身份验证、数据存储、计算服务、网络服务等,用于支持元宇宙中的各种功能。

①安全可信技术:在虚拟现实应用程序中,用户的个人数据和敏感信息需要得到保护。数据加密技术可以确保这些数据在传输和存储过程中不会被窃取或篡改。目前,虚拟现实应用程序中采用的数据加密技术包括对称加密、非对称加密和哈希算法等。虚拟现实应用程序需要对用户进行身份认证,以确保只有授权用户可以访问虚拟环境。目前,面向虚拟现实应用程序开展的相关身份认证研究有图形认证、行为特征认证、多因素身份认证等。

②人工智能技术：包括语音识别、自然语言处理、计算机视觉、深度学习等技术，用于赋予数字人智能化的"思想和行为"，使其能够识别外界环境，并与用户进行交流互动。借助人工智能技术，能够生成数字人的语音和形象，实现人机对话。聊天生成预训练转换器（ChatGPT）为一些建模工具提供应用程序接口，支持文本输入并生成对应特征描述的三维模型角色、材质和智能渲染等。数字人一旦获得智能和自主决策能力，就可以进一步为用户带来更加自然和智能的交互体验。

（3）应用层

这一层包括元宇宙中的各种应用，如虚拟现实游戏、社交平台、教育平台、购物平台等。

①计算机图形学技术：包括建模、物理仿真、渲染等技术，用于生成逼真的数字人外形和动作。

②动态环境建模技术：通过计算机图形学、计算机视觉等方法，对环境或物体进行全面拍摄和数据获取，可以实现虚拟环境或物体的高效生成和更新，还能够准确地对现实人物的动作进行捕捉。

③三维声音定位技术：通过声学模型、声源定位等方法，实现虚拟环境中的立体声效果，让听者可以感受到声音来源的方向和距离，从而提升音频的沉浸感和真实感，创造更加真实和沉浸的虚拟环境体验。

（4）用户界面层

这一层是用户与元宇宙互动的界面，包括虚拟现实头盔、增强现实眼镜、电脑、手机等设备。

①动捕和面捕技术：通过传感器或摄像头等设备，捕捉真实演员或用户的身体或面部动作，并转换成数字信号，传输给计算机系统进行处理和输出。

②人机交互技术：通过传感器、手套、头盔等设备，实现用户与虚拟环境的自然交互。数字人可以作为人机交互技术的一种应用，通过与数字人的交互来改善人机交互体验。进一步研究和开发数字人技术，可以创造更加自然和高效的人机交互方式，使计算机能够更好地理解并响应人类需求，从而改善人们的生活和工作体验。

（5）安全层

这一层负责保护元宇宙中的数据和用户信息安全，防止黑客攻击和数据泄露。

①区块链技术：这是一种新型的分布式账本技术，可以实现去中心化和不可篡改的安全验证。区块链技术在元宇宙中的应用主要体现在，确保虚拟世界中的资产所有权和交易的安全透明。它可以创建一个去中心化的数字资产所有权和交易系统，让用户可以拥有和交易虚拟世界中的数字资产。

②数字隐私保护与加密技术：元宇宙中的数据隐私和安全是至关重要的，以下是一些可能使用的加密技术：

A. 端到端加密：这种技术可以确保数据在传输过程中的安全性。只有发送方和接收方可以解密和阅读数据，即使数据在传输过程中被拦截，也无法被第三方读取。

B. 零知识证明：这种技术允许一方向另一方证明自己知道某个信息，而无需透露任何有关该信息的细节。这在元宇宙中非常有用，可以用于验证身份或所有权，而无需透露任何个人信息。

C. 同态加密：这种技术允许在加密数据上进行计算，得到的结果与在原始数据上进行计算的结果相同。这意味着元宇宙的运营商可以在不知道用户具体数据的情况下，进行必要的数据处理和分析。

D. 多重签名技术：这种技术要求多个参与方对交易或操作进行签名，以确保数据的安全性和完整性。

这些技术的选择和使用取决于元宇宙的具体需求和设计。为了确保用户的数据隐私和安全，元宇宙的运营商需要建立严格的数据保护制度，并使用最新的加密和安全技术。

以上每一层都是相互关联和依赖的，共同构成了元宇宙的技术架构。

2.7 大湾区前沿探索与行业发展分析

2.7.1 大湾区的前沿探索现状

（1）基础研究领域

大湾区内高校、科研机构和企业在虚拟现实/增强现实领域的基础研究方面表现活跃，研究基础比较扎实，研究方向涉及自然人机交互、几何建模、场景重建、图形渲染、虚实融合和设备研发方面。表2-16和表2-17分别列举了大湾区虚拟现实/增强现实可依托的主要科研平台和研究团队的情况。其中，未包含支撑虚拟现实/增强现实发展的人工智能、计算机视觉、云边计算等方向的研究团队数据。

近年来，大湾区在虚拟现实/增强现实领域取得了丰富的研究成果。据广东省虚拟现实产业技术创新联盟不完全统计，涉及虚拟现实技术领域的专利合计6 090余项。

表2-16 可依托的科研平台

序号	科研平台	依托单位
1	广东省虚拟现实及可视化工程技术研究中心	广东工业大学
2	广东省数字媒体集成创新工程中心	广东工业大学
3	广东省人机交互与视频分析工程技术研究中心	广东工业大学
4	广东省机器视觉与虚拟现实技术重点实验室	中科院深圳先进技术研究院
5	AMOLED工艺技术国家工程实验室	深圳华星光电有限公司、中山大学、华南理工大学等
6	国家数字家庭工程技术研究中心	中山大学
7	华南理工大学人机智能交互实验室	华南理工大学
8	华南理工大学脑机接口与脑信息处理中心	华南理工大学
9	深圳大学可视计算研究中心	深圳大学
10	深圳大学智能虚拟现实联合实验室	深圳大学
11	广东省脊柱外科虚拟现实与器械工程技术研究中心	南方医科大学
12	广东省虚拟现实核心引擎关键技术平台工程技术研究中心	深圳市中视典数字科技有限公司
13	广东人工智能与先进计算研究院	中国科学院自动化研究所
14	广州市大湾区虚拟现实研究院	北京理工大学

表 2-17 主要的研究团队（机构）及研究方向

序号	主要研究团队/机构	负责人/主要成员	研究方向/成果
1	广东工业大学虚拟现实/增强现实研究团队	何汉武	手势识别；虚实融合；视觉、嗅觉、触觉和温感等多感官通道交互；虚拟手术
2	广东工业大学计算机学院	战荫伟、杨卓	深度学习与机器视觉；眼动计算、虚拟手术
3	华南理工大学类脑感知与人体数据科学团队	徐向民、李远清	脑机接口等
4	华南理工大学电子与信息学院	金连文、贾奎、周智恒	计算智能；智能交互；计算机视觉；可穿戴传感器信号处理；云计算、移动互联网
5	华南理工大学多媒体技术与图形图像处理团队	韩国强、李桂清	场景重建；计算几何等
6	微型有机发光二极管工艺技术国家工程实验室	—	柔性有源矩阵有机发光二极管显示屏
7	中国科学院深圳先进技术研究院	樊建平	医学图像分析；虚拟手术和康复训练；新型高灵敏度柔性仿生触觉传感技术
8	深圳大学可视计算研究中心	黄惠	高精度、大规模场景三维重建；可视化；自然人机交互
9	深圳大学智能虚拟现实联合实验室	石大明	三维场景重建与定位；基于增强现实的手术机器人
10	暨南大学信息科学技术学院	高博宇	基于手持设备的触控手势交互；基于虚拟环境中多通道可信交互

（2）应用领域

广东省在虚拟现实/增强现实领域的研究聚集度比较高，主要集中在广州和深圳两地。表 2-18 列出了广东省内企业在虚拟现实/增强现实领域的部分产品，涵盖了整机产品、开发平台、应用系统以及行业应用解决方案。

表 2-18 部分软硬件产品开发一览

类别	公司	产品
动捕设备	广州幻境科技有限公司	Vein 动捕套件、Handy 手势交互套件、Null Touch 交互数据手套
光学模组	深圳惠牛科技有限公司	折返式增强现实光学模组、超短焦折叠光路虚拟现实光学模组、基于树脂/玻璃材料的衍射光波导模组

续表

类别	公司	产品
光学模组	谷东科技有限公司	增强现实光学模组
光学模组	广纳四维（广东）光电科技有限公司	增强现实衍射光波导微纳光学器件
传感摄像头	深圳奥比中光科技有限公司	结构光、iToF、双目、dToF、LiDAR 等 3D 传感摄像头
虚拟现实/增强现实眼镜	广东虚拟现实科技有限公司	Rhino X、Rhino X Pro
	深圳纳德光学有限公司	酷睿视高清头显、酷睿视超高清观影扩展现实产品
	广州亮风台信息科技有限公司	HiLeia、HiAR G200、HiAR H100、HiAR Cloud
	OPPO 广东移动通信有限公司	OPPO 增强现实 Glass、OPPO Air Glass 2
	深圳增强现实技术有限公司	Oglasses RealX；Oglasses Danny2
开发平台	华为技术有限公司	增强现实 Engine、虚实融合平台 Cyberverse
	深圳市腾讯计算机系统有限公司	QQ－增强现实平台
	百度在线网络技术（北京）有限公司	希壤元宇宙平台
	深圳市中视典数字科技有限公司	虚拟现实 P Quantum 虚拟现实引擎
应用系统	广州市智在云天文化科技有限公司	智慧文旅一体化服务平台、数字虚拟展厅、虚拟现实博物馆、智慧场馆信息化平台
	深圳市腾讯计算机系统有限公司	腾讯多媒体虚拟现实 360 度会议会展系统、腾讯云虚拟现实系统
	广州卓远虚拟现实科技股份有限公司	应急逃生安全科普平台、虚拟现实体验店运营管理系统、幻影星空虚拟现实体验馆
	广州市影擎电子科技有限公司	沉浸式体验系统、四维主题影院、虚拟现实科技馆
	广州新起典文旅科技有限公司	沉浸式光电呈现系统
	广州口可口可软件科技有限公司	虚拟互动系统、虚拟现实体验系统整体方案
	超次元数码科技有限公司（广州）	虚拟人制作系统、动作捕捉系统
	佛山市虎江科技有限公司	医疗智慧云平台、扩展现实医疗技能培训平台
	深圳博乐信息技术有限公司	增强现实互动＋软件即服务平台、混合现实数字交互系统
	深圳市中视典数字科技有限公司	沉浸式虚拟仿真实验室、中视典 5G 教育云平台

续表

类别	公司	产品
应用系统	深圳市瑞立视多媒体科技有限公司	大空间虚拟现实多人交互系统、智能三维立体交互系统、魔方混合现实虚拟预演拍摄系统
	深圳增强现实技术有限公司	增强现实远程工作指导系统哈勃（Hubble）、全终端增强现实（AR-PSS）工作辅助系统
	广州世峰数字科技有限公司	多功能三维互动系统；智慧园区管理系统
	广州玖的数码科技有限公司	5G+虚拟现实公共安全及培训；5G+虚拟现实文旅景区

2.7.2 行业发展综合情况分析

依托人才、产业基础、政策和融资优势，广州和深圳两地主导大湾区虚拟现实/增强现实前沿引领技术的基础研究。大湾区内高校、科研机构和企业综合创新实力强，在虚拟现实/增强现实领域获授权专利数量超过6 000件，具备较好的知识产权基础。

在虚拟现实产业领域，大湾区的主要优势在于：制造业发达，具备完整的产业链；外贸活跃，对外科技合作频繁，外资利用率高；高校众多，具备良好的人才吸引力，创新力较强；发展世界级城市群，应用场景丰富。

大湾区立足虚拟现实产业优势、聚焦科技前沿，在产业链布局、技术和产品研发、人才内育外引等方面取得了良好的成绩，但仍然存在基础研究薄弱、研究力量分散、缺少源头创新和核心竞争力不足等问题，具体表现在以下方面。

（1）基础研究和应用基础研究较为薄弱，研究力量比较分散，跨学科之间的协调不够紧密，缺少国家级科研平台和具备国际影响力的科研团队以及领军人才

虚拟现实是一个多学科交叉的研究领域，需要政府层面抓顶层设计，打通城与城、校与校、校与企、学科与学科之间的"资源孤岛"，创建高层次、跨学科的科研载体，直至布局国家级实验室，集中优势力量，攻克若干公共科学问题。

基础研究是科技创新的原动力，关键在于人才。需大力培养和引进人才，夯实虚拟现实产业发展的基石；应改善软硬件环境，增强对创新人才的吸引力，引进高端人才；改革人才评价制度，打破非1即0（论文、知识产权排第一且占全部贡献）的局面，革新评价手段，提高基础研究人员的积极性。

（2）缺少源头技术创新和核心竞争力，影响产业的可持续发展

主要体现在科研平台与产业脱节，产学研联系不够紧密。一方面，实验室的成果难以真正实现产业化；另一方面，中小创新型企业的研发力量比较薄弱，资金、人力投入不

足。需要建立高效的产学研机制，同时引进既掌握技术、又有长期从业经验的人才。

应针对大湾区的优势、特色产业，深耕垂直行业，确定优势产品。同时发掘行业的应用问题，并凝练领域科学问题、提出技术解决方案，形成自主知识产权、制订技术标准，打造核心产品，促进产业可持续健康发展。

（3）行业内企业规模普遍较小，亟须整合各方资源，提高竞争力

目前虚拟现实产业处于快速发展初期，行业体系尚未健全，市场集中度较低，中小规模企业较多。但随着行业市场份额越来越向高端市场和先进企业集中，规模偏小的企业将逐步被淘汰出市场，行业集中度将逐步提高。

因此，大湾区虚拟现实企业应尽早布局，整合各方资源，发展壮大。虚拟现实产业属于技术、人才密集型产业，集成了光学、传感、通信、人体工学等多种技术。人工智能算法广泛应用于虚拟现实交互、内容制作和场景渲染方面，5G通信技术对扩展现实的支持力度也会越来越大。虚拟现实产业与互联网平台有望在内容生产和分发、应用生态优化等方面进行更深度的合作。

第 3 章

产业链生态与各环节发展现状

2016年，大批消费级虚拟现实设备开始密集发布，标记着虚拟现实元年的开启。一时间，虚拟现实、增强现实概念席卷全球，众多著名企业纷纷开始进行风投、收购或开辟业务以抢占市场，虚拟现实产业链初步形成。而随着技术发展以及疫情过后的经济恢复，围绕硬件、软件以及内容等构成的虚拟现实产业链日益健全，整个产业呈现向上发展的趋势。现阶段，国内尽管在部分关键技术上尚显落后，但产业链较为完整，在硬件制造和内容生产上均有大量企业参与。广东省作为国内的数字经济强省，在虚拟现实领域积极开拓，已形成相对完整的产业生态，在各环节都有头部企业和典型产品。

3.1 虚拟现实产业框架与各环节发展现状

3.1.1 产业链图谱与介绍

根据产品特点、应用环境以及行业市场现有分类分析，目前虚拟现实产业链主要分成硬件、软件、内容与平台、应用与服务四个主要模块，各模块下根据具体作用范围与产品生态，又存在众多细分项，具体内容如图3-1所示。

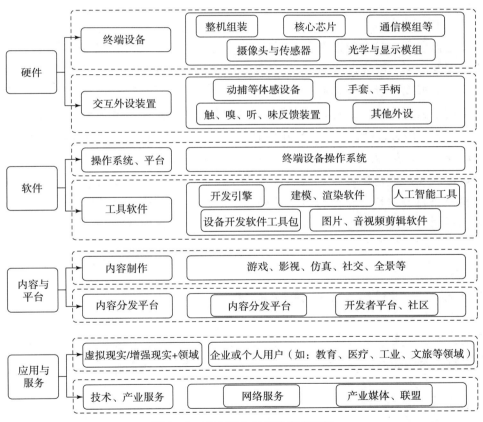

图3-1 产业链中各模块内容图解

（1）硬件

包括终端设备与交互外设装置。终端设备方面，包括核心芯片、光学显示器件、摄像头、传感器、通信模组、整机设备等；交互外设装置方面，包括体感设备、手套手柄、触/嗅/听/味觉反馈装置等。硬件环节主要参与者有字节跳动、宏达电、Meta、索尼、三星等。

（2）软件

包括分发和运行虚拟现实应用及体验的操作系统、平台，以及用于创建虚拟现实应用内容的开发引擎、软件开发工具包（SDK）、人工智能和各类设计、建模、渲染等工具软件。软件环节主要参与者有雅基软件（Cocos）、Unity3D、Unreal Engine、ARKit、OpenVR、Autodesk、Adobe 等。

（3）内容与平台

包括虚拟现实应用内容的制作，例如游戏、影视、社交、仿真以及其他形式的 VR/AR 内容，也包括内容分发的平台。值得注意的是，随着硬件设备的完善，内容已逐渐成为各大厂商的重点布局对象。内容环节主要参与者有 PICO、爱奇艺、维尔福（Steam）、谷歌、Meta、宏达电等。

（4）应用与服务

利用虚拟现实技术为企业或个人用户（如教育、医疗、工业、文旅等领域）提供服务或解决方案的应用，可称为"虚拟现实/增强现实+"。主要参与者包括一些传统的游戏公司，以及为虚拟现实行业与技术发展提供服务的机构，如网络服务、产业媒体、联盟等。随着网络技术和云计算、云渲染等技术的发展，诞生了很多相关的学会、协会与联盟等行业组织，应用与服务逐渐成为产业链中的独立模块，例如国内的华为、阿里巴巴和腾讯等云服务厂商，可单独为虚拟现实行业提供通信、云计算、云渲染等服务。

在虚拟现实产业链的各个模块中，硬件是发展基石，软件是加速应用产生的工具，内容与平台是打开市场、推广行业的关键，应用与服务则辅助应用更好落地。其中既有众多软硬件设计、研发的厂商，也包括代工生产、销售服务型等厂商，后文将继续描述。

3.1.2 产业链各环节发展现状

目前，虚拟现实产业正处在复苏期，有些技术、应用以及行业仍在沉淀与发展。这里主要结合技术与产品的发展，对各环节的现状进行阐述，更多产业与企业将在 3.2.2 节中介绍。

（1）硬件方面

①终端整机。

虚拟现实头显是行业内最主要的终端设备，直接决定着用户市场的规模。2022 年，虚拟现实头显的市场重心已经转移到具备良好便携性的虚拟现实一体机，消费级头显成为各大厂的研发重心，部分主要虚拟现实厂商（市场份额较多的企业）与头显产品的特点与销售情况见表 3-1（注：因为厂商并未公布具体出货数据，这部分多以营业业绩进行推测）。

表3-1 2022年部分主要虚拟现实厂商与头显产品

厂商名	设备	特点	出货情况
PICO	PICO 3	国产消费级虚拟现实一体机，性能、价格对标Quest 2，国内市场占领多数份额	2022年约70万台
PICO	PICO 4	2022年新品，显示效果、交互体验、佩戴体验上有较大优化	超20万台
Meta	Oculus Quest 2	售价2 500元，在全球市场上占领较大份额，是曾经的销冠产品	Quest系列累积超2 000万台；Pro约50万台
Meta	Quest 2 Pro	高端万元机型，拥有更好的显示、交互与佩戴效果	Quest系列累积超2 000万台；Pro约50万台
HTC	Vive Focus 3（2021年）	万元一体机型，以5K分辨率领先业界，该机型在2022年也做了部分升级	实际数据未知，预测销售已超200万台
HTC	Vive XR Elite（2023年2月）	万元扩展现实机型，主要为元宇宙市场布局	实际数据未知，预测销售已超200万台

增强现实终端方面以增强现实（混合现实）眼镜为主，但发展较慢。国内方面，Nreal公司在2022年8月发布消费级增强现实眼镜Nreal Air，完成了10万台的量产突破，夺得全球消费级增强现实眼镜品牌的销冠，但该产品的突出功能是手机内容投屏，增强现实功能并不明显。当前市面上仍以售价较高的微软Hololens 2和magic leap的Magic Leap 2为典型设备，出货量较多。而谷歌继Google Glass后陷入研发瓶颈，只有产品外观设计概念；苹果公司的增强现实眼镜也因技术等原因，推迟了原定于2022年的产品发布计划（后于2023年5月发布）。总之，消费级与现象级的增强现实眼镜还有较大的发展空间。

②芯片核心。

2022年，英伟达发布了GTX40系列，电脑端的渲染性能得以提升，有利于提高电脑端虚拟现实应用的渲染上限，扩充内容应用市场。此部分参见表3-2，了解更多内容。

另一方面，虚拟现实一体机的核心芯片则以高通"独占鳌头"，从开始的"骁龙"系列，到现在为虚拟现实一体机量身定制的XR2 Gen1，高通芯片为消费级虚拟现实一体机提供最基础的渲染与处理支持，当下热门的PICO 4、Quest 2和Quest 2 Pro等都采用了XR1或XR2，在性能与功耗等方面均领先业界。除此之外，著名芯片公司联发科研发的首颗虚拟现实芯片，于2023年应用在索尼设计的PS VR 2中。国产方面芯片则有全志科技的VR 9、炬芯科技的S900 VR、瑞芯微的RK3588等，但性能相对不足，还有较大差距。

增强现实眼镜芯片主要以手机芯片为主，如Hololens先使用高通的骁龙850，后来升级使用XR1。另外，高通在2022年11月发布了最新的增强现实芯片——AR 2 Gen1，采用多芯片架构，性能有了较大提升。此外，Magic leap使用的是英伟达的图睿（Tegra）芯片，新版据称拟使用超威半导体的定制Zen2芯片或者光子芯片，但目前并无实机。

表3-2 部分终端头显与对应的芯片公司

芯片公司	高通 XR2/AR	联发科	全志 VR9	华为海思 XR	英伟达/超威半导体（AMD）
对应终端设备	Quest 2 Quest Pro PICO 4 Hololens	PS VR2	大朋 P1 天翼云 VR	Rokid Vision（增强现实眼镜）	Magic Leap

与增强现实相关的产业链相关厂商可参考表2-9。

③光学与显示。

沉浸显示关键在于光学方案与显示器件。光学方案方面，折叠光路方案成为市场新宠，是多数新款虚拟现实头显采用的光学方案。相比菲涅尔透镜方案，折叠光路方案有效地减少了终端整机的重量及厚度，提升了显示清晰度和佩戴舒适度，促进了设备的销售。增强现实光学显示方案主要依赖光导波技术，但该技术还需要突破瓶颈、降低成本，才有利于消费级增强现实眼镜的发展。目前市场上的相关厂商包括创维数字、三利谱、深纺集团A、兆威机电等。

显示器件方面，增强现实显示器件包括硅基液晶显示器、微型有机发光二极管显示器、硅基微型发光二极管显示器以及数字光处理显示器，虚拟现实头显的主流方案目前仍是快速响应液晶。随着技术的不断发展，快速响应液晶+次毫米发光二极管方案因有效缓解折叠光路方案的光损而得到快速应用，将占领虚拟现实头显市场的大部分份额。另外，具备高亮度和高像素密度的微型有机发光二极管同样是虚拟现实头显的主要选择，在部分高端虚拟现实产品中应用。国内的主要厂商代表是京东方、TCL等。

更多光学呈像技术内容见第2章。

④定位跟踪与外设。

硬件设备的定位跟踪主流方案目前仍是硬件传感+视觉定位。电脑虚拟现实应用方面，低延时、高精度与高稳定性的红外激光定位在市场上优势明显，此类方案需要红外激光基站对交互手柄进行定位跟踪。部分电脑虚拟现实采用由内向外追踪的定位跟踪方案，实际上由内向外追踪已经成为虚拟现实一体机的主流方案。值得一提的是，Quest 2 Pro中的交互手柄装有摄像头，自身可作为由内向外追踪方案主体，摆脱发光光圈装置，可能成为新的发展趋势。增强现实方面则主要依赖同步定位与地图构建（SLAM）技术、手势识别技术和语音交互。在目前的设备中，Hololens的自然手势识别方案比较成功，基本满足应用。整体上，基于视觉的手势跟踪识别对用户更为友好，但自然手势交互仍显不足，有待突破。这部分主要依赖整机设备制作厂商，例如歌尔股份、立讯精密。

（2）软件方面

软件方面保持稳步发展。主流虚拟现实一体机与部分增强现实眼镜终端机型的操作系统以安卓（Android）为主，也有部分设备采用微软（Microsoft）的 Windows Holographic 系统。

开发引擎方面则以 Unity3D 和虚幻引擎为主。随着 Unity3D 引入高清渲染管线

（HDRP），虚幻引擎升级到 UE5，引擎的渲染处理能力进一步提高，为虚拟现实环境设计与呈现提供更真实的模拟效果。国产引擎方面则有 IdeaVR、Cocos、TMAX 3D，可满足基本的虚拟现实开发使用。

各终端设备的开发工具越发完善，并与主流开发引擎密切结合，开发者易学、易操作提高开发效率。主流引擎也设有便捷工具包，例如 U3D 中的 MRTK 和 XRTK、谷歌的增强现实 Core 等，虚拟现实/增强现实应用中的程序开发生态愈发完整。

建模与渲染软件仍以国外产品为主，例如欧特克软件公司的 3ds Max 与 Maya 三维建模软件，奥多比旗下的设计软件以及新的 Substance 材质系列，还有新兴的开源引擎 Blender 等。以这些软件为主的技能人才需求在虚拟现实行业中占比逐渐提高。

值得注意的是，场景与道具建模往往占据了大量的人工成本，因此主动化场景与物品扫描的功能开始出现，例如大疆智图、Mirauge3D、ContextCapture、Geomagic、ReconstructMe、Regard3D 等有支持场景与物体扫描重建的工具，也有如 Insta360 等全景视频、图片的记录与处理工具，还有部分增强现实眼镜中也内置了相关算法，以便用于场景的定位。

（3）内容与平台方面

内容直接面向客户，涉及教育、娱乐、影视、医疗等领域，国内外都有不少公司参与，其中游戏公司居多，3.3.2 以及附录中的虚拟现实典型应用企业案例有更多描述。而随着软件方面的技术支持和终端厂商对内容市场的生态构建，一些个体开发者及其开发的应用开始涌现，在内容市场有着一定分量。

内容分发由平台完成，便于内容的管理与推广。例如 Steam 虚拟现实平台支持 7 000 余款虚拟现实应用，可适配多种虚拟现实终端设备。近年来，各大终端厂商对内容平台逐渐加大投入，因为内容平台掌握着用户群体，直接影响着产品的市场需求。例如宏达电的 VIVEPORT，以及 Ocuius 和 PICO 的开发者社区与软件应用市场等，前者支持 2 000 多个（含直播与视频资源等）应用产品，后者则分别有 1 000 和 500 多个，且在不断扩充，如表 3-3 所示。

表 3-3 部分内容平台应用数量对比表

平台名	SteamVR	Oculus	Sidequest	VIVEPRORT	PICO	Hololens
数量/个	7 111	1 763	4 085	2 342	300 + 214	322
特点	拥有较多游戏资源，活跃用户很多	独立用户资源数多，Applab 有 1 567 个应用	第三方资源平台，内容较杂	早期与 SteamVR 合作，后期资源逐步转移	独特的虚拟现实直播与虚拟现实视频资源	增强现实应用，官方数据已长期未更新

（4）应用与服务方面

"虚拟现实+"释放传统行业领域的创新活力，国外以军事、工业、医疗以及娱乐领域为主，国内则增加了教育、文旅方面的应用。据赛迪智库预测，虚拟现实技术有望在

2025年带动万亿级实体经济市场。值得一提的是，部分企业推出一站式行业解决方案服务，国内以教育领域最为突出，这主要源自国内外教育理念的差异。国内诸多教育机构希望利用虚拟现实技术来促进教学，市场上便出现了较多虚拟现实仿真基地、仿真实训室、仿真课程的需求，因此一站式的行业解决方案服务能够获得市场青睐。

另外，在虚拟现实应用落地时，往往还需要云服务与网络通信服务。国内5G运营商提供稳定的网络通信服务，云渲染与云计算服务则由阿里云、腾讯云、华为云等提供。应用与服务环节也是虚拟现实技术与其他新兴领域、技术与产业的融合之处，充分体现了虚拟现实产业生态的价值。例如元宇宙需要以虚拟现实/增强现实终端头显等作为交互式接口，为用户提供虚拟现实内容；数字孪生是虚拟现实技术在仿真领域的进一步发展；数字人与人工智能则为虚拟现实应用内容的开发与制作，提供更加便捷、智能的支持，且互为补充。

总而言之，虚拟现实产业生态既趋于稳定，又在不断向外辐射，现有的厂商在不断更新产品来提升影响力，也不断有新的厂商进入、争抢市场。在产业生态中，硬件、软件、内容和应用服务环节的连接越发紧密，同时还与数字孪生、元宇宙、数字人、人工智能等新兴领域交叉影响，相辅相成，让虚拟现实产业价值链更加完整和强劲。

3.2 国内外产业链各环节重点企业、高校和研究机构

3.2.1 国内外各环节龙头企业与机构

以公司市值和资金投入而论，Meta 是产业链中的绝对龙头，其公司业务几乎涵盖整个虚拟现实产业链，其中尤为突出的消费级虚拟现实头显终端 Quest 系列，是 2022 年全球虚拟现实终端市场的销售冠军。国内的龙头则是字节跳动收购的 PICO，旗下虚拟现实一体机产品在国内同类别市场中优势明显。

（1）各环节的龙头企业

虚拟现实终端整机上，以产品与综合实力而言，国外龙头企业为 Meta、索尼、三星，国内则是宏达电（中国台湾）、字节跳动收购的 PICO 和爱奇艺奇遇 XR。另外，国内的华为和小米在虚拟现实领域也有相应布局，但并非公司重点业务，相关产品也不够突出，属于潜在龙头企业。

增强现实方面，微软 Hololens 有较大优势，在同类产品中竞争力明显；苹果公司收购了多家虚拟现实公司，推出了 ARKit，其手机增强现实与数字人在行业内也有突出表现，并且即将推出旗下首款混合现实眼镜（2024 年），备受期待；谷歌在增强现实领域也有较大投资；国内的 Nreal 公司消费级增强现实产品销量突出，华为、小米等也有布局。此外，部分电脑集成厂商如联想和惠普等公司也有相应的投入和产业布局，如表 3-4 所示。

表 3-4 终端整机环节的部分龙头企业

类型	公司名称	相关简介与最新进展
主要梯队（虚拟现实）	字节跳动	对标 Meta，旗下的消费级虚拟现实产品 PICO 是国内最强虚拟现实头显，2022 年发布 PICO 4，2023 年发布 PICO 4 Pro；在应用商店、开发者平台与内容生产有独立生态
	宏达电	中国台湾企业，是电脑虚拟现实的主要龙头厂商，旗下 Vive 系列在全球拥有广泛市场；同时还拥有虚拟现实一体机 Focus 系列，2022 年升级了相关机型；在应用商店与内容生产上也有较大布局，有自主内容平台 VIVEPORT，与 Steam 虚拟现实也有深度合作
	Meta	原脸书公司，全面布局元宇宙与虚拟现实，拥有终端整机、微发光二极管显示器、系统级芯片、人工智能芯片、应用商店、开发者平台与内容生产的完整生态；有典型消费级虚拟现实头显 Quest 系列，2022 年发布了 Quest 2 Pro 机型
	索尼	显示模组（微型有机发光二极管）龙头企业；在游戏、影视等媒体终端有较深的实力与布局；主要终端有 PS VR 系列，2023 年发布新款 PS2

续表

类型	公司名称	相关简介与最新进展
主要梯队（虚拟现实）	三星	光学与显示模组的龙头企业,也是主要的芯片代工厂商之一;是早期虚拟现实眼镜盒子的龙头企业,拥有自己的虚拟现实头显玄龙MR系列等
	爱奇艺	以虚拟现实眼镜盒子入场,拥有自己的虚拟现实一体机奇遇系列,奇遇3曾对标Quest 2;在硬件、内容、技术等均有布局,拥有强大的影视资源、虚拟现实影片等内容
主要梯队（增强现实）	苹果	实力雄厚,在软硬件领域都有深厚积累,拥有强大的品牌效应和用户群体,收购过超十家虚拟现实技术公司;拥有自研系统级芯片（M1/M2）和自研系统;亟待自研的混合现实头显出现
	微软	产品Hololens系列目前全球销量领先,软硬件研发实力强;布局操作系统、开发工具、内容生产以及解决方案
	谷歌	实力强大,与其他厂商有较多合作,收购过硬件零部件和技术模块公司,但主要偏向于内容开发与生产,用户群体庞大;亟待自研的增强现实眼镜出现
	Nreal	国内首个消费级增强现实产品,销量全球领先,量产数量突破十万台
	Magic leap	Magic Leap系列增强现实眼镜,但反响一般,目前正在研制第二代产品
战略布局	华为	布局增强现实与虚拟现实,拥有自己的虚拟现实设备——虚拟现实Glass;具备芯片设计能力——华为海思XR芯片;布局操作系统、开发者工具,但受制裁后发展较慢
	小米	硬件和技术积累较多,拥有自己的虚拟现实一体机产品;侧重于感知交互、分发渠道和内容生产
	其他虚拟现实头显厂商：维尔福Index系列,小鹏VR,创维数字等 电脑集成厂商：联想和惠普等 光学模组生产厂商：京东方、TCL科技都有部分增强现实产品	

芯片方面,高通拥有XR1、XR2、AR2等芯片,是芯片领域的绝对龙头。传统芯片龙头联发科、英伟达以及超威半导体均有部分虚拟现实或增强现实产品的芯片应用,台积电也是主要的扩展现实芯片代工厂。

光学与显示方面,设计与研发龙头包括终端设备厂商Meta、宏达电、三星、索尼;代工生产方面则有国内的京东方、TCL科技、星光智能、舜宇光学等。

软件方面,开发引擎龙头是优美缔和虚幻引擎;三维等美术设计软件龙头有欧特克和奥多比公司;扫描建模方面的软件工具较多,有国内的大疆智图、四维时代和国外的Skyline、Matterport等;虚拟现实与增强现实开发工具上,有维尔福公司的Open VR,苹果的AR Kit,谷歌的Daydream VR和AR Core,以及高通的Vuforia（增强现实工具）。

内容分发平台方面,维尔福公司的SteamVR拥有最多的虚拟现实应用与用户群体,是绝对龙头企业。旗下还有高端虚拟现实头显Index以及曾经火爆全球的虚拟现实游戏《半条命 Half – Life》。各大终端厂商宏达电、Meta 与 PICO 也已抓紧布局此市场。

应用与服务方面主要由影视、游戏与娱乐方面的企业构成。部分比较知名的厂商包括 Survios、维尔福、Jaunt VR、Wevr、网易、三七互娱、完美世界、爱奇艺等。

（2）知名高校等研究机构

在虚拟现实技术的相关研发上，高校与机构的力量也不容小觑，一些早期的虚拟现实技术就是在高校实验室中萌芽并发展起来的。当前，国内外的一些著名高校也都设有虚拟现实研究机构，如表 3 – 5 所示。

表 3 – 5　国内外高校的虚拟现实机构与研究情况

机构名称	主要研究领域与相关成果
清华大学	手部虚拟现实交互系统、手部姿态和物体交互感知的手部追踪器
北京航空航天大学	虚拟现实技术与应用、飞行模拟器的多模态虚拟仿真系统
中国科学技术大学（智能感知与计算研究中心）	增强现实技术；终端头显；具备环境实时感知和定位、室内导航等功能的"HoloSens"混合现实产品
广东工业大学（广东省虚拟现实及可视化工程技术研究中心）	手势识别；虚实融合；视觉、嗅觉、触觉和温感等多感官通道交互；虚拟手术
斯坦福大学虚拟现实实验室	交互设计、沉浸式体验和人机交互等领域；虚拟现实心理疗法；虚拟现实教育等
麻省理工学院媒体实验室	艺术、医疗、教育和娱乐等应用；医疗培训的增强现实平台；社交互动的虚拟现实平台
华盛顿大学	虚拟现实与自然环境和生态学的研究；虚拟现实下的植物培育系统和海洋生态模拟系统
东京大学	软硬件交互技术和应用；多感知交互技术；"VR – Cinema"虚拟现实电影应用
京都大学	终端头显研究；虚拟现实与医疗、培训；"增强现实 HMD"医疗领域增强现实头戴式设备
电气通信大学	交互设计，用户体验；"增强现实 Graphics"用于虚拟试装、虚拟家装等
日本国立信息通信技术研究所	虚拟现实和增强现实技术；"Nagare"远程协作平台用于协作和沟通、会议等
英国牛津大学虚拟现实研究小组	三维场景重现；虚拟现实 + 电影；虚拟现实 + 游戏；"Rapid Scene Generation Programme"由于三维重构，将图像转化为三维模型
德国斯图加特大学图形学与互动系统研究所	人机交互；眼动追踪技术；应用评估系统"Stuttgart Virtual Reality Engineering Center"

续表

机构名称	主要研究领域与相关成果
新加坡南洋理工大学虚拟现实研究所	基于触觉反馈的虚拟现实交互技术"HapTip"触觉反馈装置
法国国家科学研究中心	虚拟现实+医学教育和培训、虚拟现实技术的解剖学学习系统

3.2.2 国内企业、高校与研究机构概况

整体上看，国内的虚拟现实产业生态比较完善，一些国内厂商已跻身全球虚拟现实产业部分领域的第一梯队，比如消费级虚拟现实头显 PICO 足以对标 Meta 的 Quest。在内容生产上面，国内也有许多丰富的商业应用。但在一些核心领域，例如芯片、设计软件等落后较多。以下将从整体发展概况、硬件、软件、内容以及机构几方面，对国内虚拟现实产业进行简述。

（1）2022 年的整体发展概况

受疫情冲击，全球经济情况不佳，国内的虚拟现实产业发展也受到明显冲击，相关的虚拟现实概念股盈亏转负。但整体上看，虚拟现实行业仍处于增长状态。

首先，虚拟现实与增强现实终端整机持续发展，有 PICO 4、创维 VR 等新款虚拟现实头显，部分机型性能优越，口碑良好；Nreal 发布的消费级增强现实产品达到量产十万的目标。其次，国内在整机组装、光学模组、传感器上的研发与代工厂商业绩也有不错的表现。内容方面则是国内的强项领域，需求市场大，软件开发公司数量庞大，市场应用不断丰富。芯片与软件工具方面虽然有一定差距，但也有相关研发公司开始推出产品，例如国产游戏引擎 Cocos 更新后，升级成为三维游戏引擎并支持虚拟现实开发。可以说，国内厂商在产业链各个环节均持续发力。

2022 年，元宇宙概念还在持续发酵，而作为用户交互载体以及技术交叉融合的虚拟现实行业受益颇多。国内一些大厂纷纷加快元宇宙布局或扩大虚拟现实研发投入，例如百度成立元宇宙部门、腾讯布局元宇宙等。此外，还有很多数字人、游戏、直播等初创公司纷纷加入。据广东省虚拟现实产业技术创新联盟统计，仅 2022 年，与虚拟现实相关的新注册公司便有 6 000 多家。国内虚拟现实相关企业的资本分布情况如图 3-2 所示。

值得一提的是，2022 年 11 月，国务院五部门联合发布了《虚拟现实与行业应用融合发展行动计划（2022—2026 年）》。该行动计划意义重大，提出的五大任务已成为虚拟现实行业发展的重要导向，引发新一轮的关注热潮。

（2）硬件方面

终端整机领域有部分自主品牌和代工组装企业；光学与显示模组、电子传感器产业规模较大，是全球著名的代工厂；芯片领域受限较大，有部分芯片设计公司，概况如

表 3-6 所示。

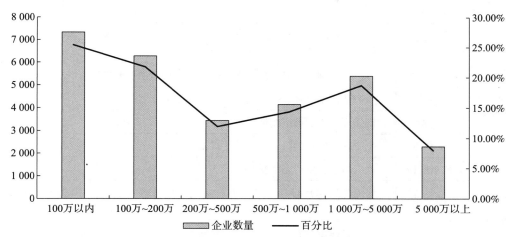

图 3-2 虚拟现实相关注册企业资本分布情况

表 3-6 国内部分硬件厂商与主要产品、产业

产业链类型	公司名称	简介、产业、主要内容产品等
终端整机设计	字节跳动	消费级虚拟现实设备——PICO 系列（前文已述）
	爱奇艺	消费级虚拟现实设备——奇遇系列（前文已述）
	大鹏 VR	产品有虚拟现实眼镜盒子，P 系列和 E 系列多款虚拟现实一体机，并布局海外
	小派	主打视觉呈现，有小派 4K 电脑端虚拟现实设备、Vision 8K X，2022 年发布新款产品 Pimax Portal 和 Pimax Crystal
	创维数字	2022 年正式发布了 PANCAKE 1C、PANCAKE 1、PANCAKE 1Pro 三款虚拟现实一体机
	华为	VR Glass（前文已述）
	小米	VR 眼镜，小米盒子（前文已述）
	\multicolumn{2}{}	更多拥有虚拟现实/增强现实眼镜的厂商：维沃（vivo），杭州鼎界科技，深圳多哚新技术，西安维度视界科技，广州视享科技，深圳市亿境，深圳市雷鸟科技，杭州融梦智能科技，塔普翊海（上海）智能科技，广东虚拟现实科技，亮风台（上海）信息科技，乐相科技有限公司等
整机代工组装	歌尔股份	国内组装代工龙头，是 Meta Quest 2 代工厂；在虚拟现实光学模组、摄像头和扬声器等零部件领域有丰富的积累和制造实力
	闻泰科技	主营业务为组装代工，是半导体领域、光学模组的集成厂商，与高通、三星均有业务合作
	欣旺达	主要代工组装厂商，从事头显与相关外设（手柄、电池等）感知交互、触觉交互等设备研发与制造

续表

产业链类型	公司名称	简介、产业、主要内容产品等
光学与显示模组	京东方	生产快速响应液晶、次毫米发光二极管、微型有机发光二极管、微型发光二极管,显示屏幕的重要代工厂商
	TCL科技	生产快速响应液晶、次毫米发光二极管、微型发光二极管
	舜宇科技	生产菲尼尔透镜、折叠光路方案主要制造商之一
	水晶光电	增强现实光学模组制造厂商
	三利谱	生产超短焦中的核心材料反射式偏振膜
	歌尔股份	代工组装,生产光学模组
芯片	瑞芯微	智能应用芯片设计厂商,拥有适用于虚拟现实头显的RK3588、RK3399芯片
	全志科技	国内智能应用芯片设计龙头,在智能终端、智能车载、通过互联网提供应用服务(OTT)等多领域布局;VR 9可用于虚拟现实头显
传感与交互	七鑫易维	国产眼动追踪龙头,产品搭载在宏达电、创维等众多虚拟现实品牌
	耐威科技	微机电系统(MEMS)国际代工线主要厂商
	声学与摄像头模组厂商:大立光电、欧菲光、联创电子、韦尔股份、立讯精密等	

(3) 软件方面

软件方面,国内产业空白较大。国产虚拟现实/增强现实应用开发引擎主要有Cocos以及曼恒数字的Idear虚拟现实。国内也有一些自研的游戏引擎产品,比如飞仙(Flexi)、Angelica3D引擎、金擎(Kingine)、网易NeoX等。但这些引擎在三维、光照等渲染方面还有不足,不适于虚拟现实/增强现实开发。国产替代的三维设计软件较少,平面设计软件方面有一些简易版的图像编辑软件,更多的是一些界面交互快速设计的应用,图3-3所列便是几款国内拥有较高知名度的设计应用。国产终端设备附带的开发工具较为完善,基本可适配主流的开发引擎,方便开发者使用。三维场景与物体扫描、全景拍摄等工具则比较多,如大疆智图、Altizure、影石科技、瞰景Smart3D等。

图3-3 部分界面设计软件

(4) 内容方面

国内虚拟现实、增强现实内容市场需求量大,在教育、医疗、娱乐、影视、工业、直播等领域有较多应用,表3-7列出了部分内容开发公司及其产品。

表3-7 国内部分内容开发企业与产品

企业名称	主要产品、简介
PICO	虚拟现实终端中内置内容市场,直接对接用户;拥有 PICO 自营开发平台与社区,支持独立用户共享与运营虚拟现实内容;此外还有直播业务
爱奇艺	推出 VR 客户端——爱奇艺虚拟现实 APP;拥有多个 360 度全景视频、2D/3D IMAX 等影视资源
三七互娱	国内游戏公司龙头之一;增资加拿大游戏内容提供商 Archiact lnteractive Ltd;投资天舍文化,开发虚拟现实游戏《会哭的娃娃》(PS VR 应用)元宇宙游戏艺术馆在元宇宙艺术社区 Meta 彼岸正式上线
网易游戏	与海外顶尖虚拟现实内容开发商 Survios 成立合资公司影核(Netvios),成为国内领先的虚拟现实游戏内容提供方,拥有顶尖的虚拟现实游戏内容矩阵,目前已融资过亿,潜力较大
完美世界	VR 游戏《深海迷航》在 Oculus Rift 中进行全球发售
佳创视讯	布局元宇宙内容生态,发布幻镜(LOOPS CAM)、动现(MotionMax)、WeDeck(虚拟现实直播平台)、幻境线(OOPSLINE)四款战略级产品
心景科技	VR/AR + 心理治疗;VR/AR + 儿童注意力训练、脑认知康复、戒毒戒酒评估康复等领域
亦我科技	VR 看房、虚拟现实家装等应用(融合 AI)

(5)国内机构

相关机构包括两种,一种是高校设立的虚拟现实研究实验室,另一种是各地区组建的虚拟现实相关联盟。从数量上看,国内有相当多的机构在研究虚拟现实技术,共同推动虚拟现实产业发展。在表3-5中已有部分说明,更多机构如表3-8所示。

表3-8 部分国内虚拟现实研究相关机构

机构名称	简介	主要功能
高校虚拟现实研究实验室		
知名高校(部分前文有述)	清华大学、北京理工大学、北京航空航天大学、中国科学技术大学、上海交通大学、广东工业大学、浙江大学、中国科学院自动化研究所、上海科技大学、同济大学、中国传媒大学、华中科技大学、电子科技大学	技术研究、产品研究、人机交互、图像识别、头显研制等

续表

机构名称	简介	主要功能
虚拟现实技术、产业相关组织		
中国虚拟现实产业技术创新战略联盟	工业和信息化部主管、中国电子技术标准化研究院牵头组建的行业联盟，成立于2015年，旨在推动虚拟现实产业技术创新和产业化发展，目前已经成为国内虚拟现实产业最具影响力的联盟之一	制定国家和行业标准、发布行业研究报告和白皮书、举办虚拟现实技术展会和会议、开展虚拟现实技术应用推广
中国虚拟现实产业联盟	文化和旅游部指导、中国互联网协会牵头组建，旨在推动虚拟现实产业的技术创新和产业发展，促进虚拟现实技术在文化、旅游、娱乐等领域的应用	
中国互联网虚拟现实技术产业联盟	中国电子商务协会主办、国内知名互联网企业和虚拟现实产业领军企业共同组建的联盟，旨在推动互联网虚拟现实技术的研究和产业化，促进虚拟现实产业的发展。成员包括阿里巴巴、腾讯、百度、华为等国内知名企业和虚拟现实产业领军企业	
广东省虚拟现实产业技术创新联盟	由广东省科学技术厅于2017年批准设立，由虚拟现实（含增强现实、混合现实）产业链相关企业、高等院校、科研机构、服务机构等主体共建，跨地域、跨领域、跨行业的联合开发、优势互补、利益共享、风险共担的产业集聚类联合体和开放性、非营利的科技服务平台	

3.3 广东省虚拟现实产业生态现状与发展

3.3.1 广东省产业生态概况与分析

广东省作为国内的科技强省,集中了众多的虚拟现实/增强现实企业和相关产业链企业,形成了产业集聚效应。其中,深圳、广州、珠海等城市是虚拟现实产业的重要发展区域,聚集了大量的相关企业和研发机构。

(1) 整体情况

广东省一直是数字经济强省,拥有众多的高新技术产业。深圳证券交易所的落地,更吸引了大批企业与资金的注入,许多大厂商都在广东省设有工厂或办事处。广东省虚拟现实企业注册数量约占全国的28%,2022年新注册数约占29%,位居全国首列,具体数据如图3-4所示。

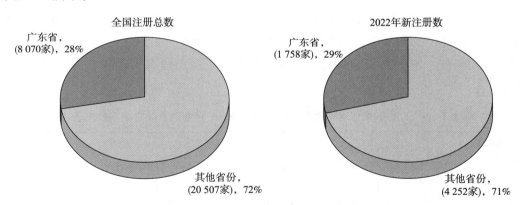

图3-4 虚拟现实企业数量百分比对比图

注:括号内为企业注册数量

此外,粤港澳大湾区作为国家重大部署建设工程,在近几年疫情风波的影响下,风投指数概念仍保持正收益。大湾区的建设给广东省本土经济与企业带来更多的机遇。在整个大湾区中,深圳市的虚拟现实企业数量遥遥领先,约占76%,排名第二的广州市仅占9%,如图3-5所示。可见深圳市是广东省虚拟现实产业链中最突出的城市。

根据调研发现,广东省虚拟现实产业生态完整,研发能力与制造能力全国领先,部分厂商也是国内行业龙头。整个广东省产业链主要集中在珠三角地区,其中深圳市最为突出。以下从各环节介绍广东省虚拟现实产业发展现状。

(2) 产业链各环节情况

①硬件研发与制造。广东省是国内制造业强省,深圳市是中国最大的电子产品生产基

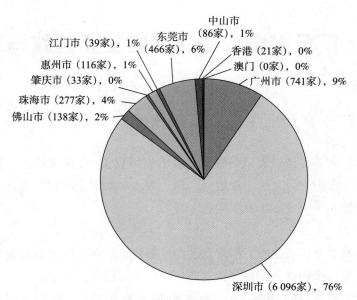

图 3-5 大湾区虚拟现实企业百分比分布情况

地之一,是国内许多大厂总部或分部的坐落地。在虚拟现实方面,广东省具备完整的终端整机、集成电路以及相关交互设备等硬件生产制造产业链,有 PICO、华为、小米、创维数字、全志科技、华凌智能等知名虚拟现实厂商,更多企业名录与主营类型如表 3-9 所示。

表 3-9 广东省虚拟现实硬件研发与制造的部分企业名录(排名不分先后)

类型	企业名称、产品
终端整机	字节跳动(PICO 系列);创维数字(PANCAKE 1 等);华为(VR Class);燧光(Rhino X Pro);影石(VR 全景相机);中兴高新技术(AR Class);深圳虚拟现实技术;深圳创龙智新科技(MAD Gaze 系列);谷东科技(工业增强现实眼镜);深圳纳德光学;深圳多新哆(Dlodlo V1)等
光学与显示模组	TCL(快速响应液晶、次毫米发光二极管、微型发光二极管);视界先进光学技术;珠海威睿光电科技;思凯斯科技股份有限公司;深圳市华星光电技术;全志科技(光学元件与模组)等
交互设备(手柄、手套、动捕设备等)	影动力(多种终端游玩设备);广州幻境科技(数据手套 Handy2);深圳市瑞立视多媒体科技有限公司;广州口可口可;广州玖的数码;广州卓远(线下体验店、外设硬件)等
芯片、智能制造等	珠海全志科技(芯片、显示模组);深圳市汇顶科技(芯片设计、软件开发);深圳市奥比中光(三维视觉传感)等一些半导体、集成制造厂商

②内容开发与一站式解决方案服务。虚拟现实内容开发是促进行业繁荣的主要手段,而内容开发本质上是软件应用技术。一些硬件厂商自己有相关的虚拟现实内容开发业务,

众多专门的软件开发公司也在此布局，包括实力雄厚的游戏开发公司，例如腾讯、网易、三七互娱等大厂。虚拟现实内容可以应用在多个领域，《行动计划》便列出了十大领域，3.3.2 中有更多企业案例展示。此外，部分内容开发公司也提供一站式解决方案服务，为各大高校提供虚拟现实课程与实训室建设，这也是广东省比较突出的特色，如表 3-10 所示列出了部分从事虚拟现实/增强现实+传统领域应用开发与服务的相关公司，而本书附录也会提供相关的行业应用介绍。

表 3-10　广东省部分从事虚拟现实/增强现实+传统领域的公司

虚拟现实/增强现实+领域应用	公司名称
虚拟现实/增强现实+文化旅游	广东咏声文旅产业投资有限公司；广州欧科信息技术股份有限公司；广州新起典文旅科技有限公司；广州乐拓电子科技有限公司；广州时间网络科技股份有限公司；广州励丰文化科技股份有限公司；深圳星火互娱数字科技有限公司；广州视享科技有限公司；深圳市博乐信息技术有限公司等
虚拟现实/增强现实+工业生产	广州亮风台信息科技有限公司；广州引力波科技创新发展有限公司；圣名科技（广州）有限责任公司；广州市圆方计算机软件工程有限公司；广州赛宝腾睿信息科技有限公司；谷东科技有限公司；广州明珞装备股份有限公司；大族激光智能装备集团有限公司等
虚拟现实/增强现实+教育培训	广州壹传诚信息科技有限公司；广东飞蝶虚拟现实科技有限公司；广州华理智趣科技有限公司；广州德纳智谷科技有限公司；广州维尔互联网科技有限公司；广州火点数字科技有限公司；广东尼古拉科技有限公司；广州逆渡信息技术有限公司；深圳市奇境信息科技有限公司；广州云蝶科技有限公司；广州科明数码技术有限公司等
虚拟现实/增强现实+演艺娱乐	广东咏声动漫股份有限公司；深圳市奇境信息技术有限公司；广州华锐互动数字科技有限公司；广州玖的数码科技有限公司；广州市炫境数字科技有限公司；广州盘古文化传播有限公司；深圳市蚁视网络科技有限公司等
虚拟现实/增强现实+融合媒体	广州凡拓数字创意科技股份有限公司；广州赛灵力科技有限公司；图腾视界（广州）数字科技有限公司；海南超次元数码科技有限公司（广州分公司）；广州虚拟影业有限公司；创维数字股份有限公司等
虚拟现实/增强现实+体育健康	广州卓远虚拟现实科技有限公司；广州市智龙体育科技有限公司；蚂蚁数娱（广州）有限公司；深圳市加力健康科技有限公司；深圳纳德光学有限公司；珠海虎江科技有限公司等
虚拟现实/增强现实+安全应急	广州市影擎电子科技股份有限公司；珠海市四维时代网络科技有限公司；广东虚拟现实科技有限公司；广东尼古拉能源科技有限公司；深圳市中视典数字科技有限公司等
虚拟现实/增强现实+商贸创意	广州紫为云科技有限公司；广州市梦途信息科技有限责任公司；丝路视觉科技股份有限公司；广州视宴信息科技有限公司等

续表

虚拟现实/增强现实+领域应用	公司名称
虚拟现实/增强现实一站式解决方案	百度（中国）有限公司深圳分公司；广州口可口可软件科技有限公司；广联达科技股份有限公司广州分公司；广州华锐互动数字科技有限公司；广州宽恒信息科技有限公司；广州集趣信息科技有限公司；深圳市锐明技术股份有限公司；广州盗梦信息科技有限公司等

③软件与技术平台。设计、建模与引擎是国内虚拟现实产业的短板。目前广东省内具备相关研发业务和设计平台的公司为数不多，主要有本土游戏龙头公司的自研游戏引擎，如广州市大湾区虚拟现实研究院与北京真景联合开发的国内首创自主可控工业级扩展现实平台 TMAX3D（神农）、深圳市中视典数字科技有限公司自研三维引擎 VR – Platform 软件、科大讯飞股份有限公司推出的虚拟现实语音交互工具、深圳万兴科技自研的快速设计软件 Pixso 等。相关内容详见表 2 – 18。

（3）高校与机构

高校实验室、研究院与联盟是虚拟现实技术与产业发展的有力推手，广东省内同样有许多这样的高校与机构，如表 2 – 16 ~ 表 2 – 17 所列的部分机构，包括广东工业大学的广东省虚拟现实及可视化工程技术研究中心、广东工业大学数字媒体集成创新工程中心、华南理工大学虚拟现实技术研究中心、广州市大湾区虚拟现实研究院等。这些机构致力于虚拟现实技术研究、攻关、产品研发以及应用场景的推广，为企业提供虚拟现实技术应用服务，承接政府职能转移和服务项目，制定相关技术标准，促进人才发展与培养。

3.3.2 应用领域内的典型企业案例

应用场景反映了虚拟现实技术的行业价值，五部门联合发布的《行动计划》便列出了虚拟现实的十大应用领域与场景。在广东省内，不少企业都在这十大应用领域场景有所深耕，并且拥有成熟的应用产品，下面将列举不同应用领域中的部分典型企业案例。

（1）虚拟现实+工业生产

工业生产是虚拟现实技术对经济影响最直接的领域，当前应用最多的是数字可视化系统与数字孪生平台。由于虚拟现实、增强现实设备本身呈现精度和对应用环境的要求等约束，纯粹的虚拟现实、增强现实、混合现实应用基本局限在工业生产的产品展示、厂间巡检、装配等技能培训、维修培训、远程专家指导以及创意方案设计等方面。

①增强现实工业智能运维系统。

增强现实工业智能运维系统是广州幻境科技有限公司研发的工业智能装备解决方案，系列产品已经广泛应用于能源电力、市政水务、医疗诊断、文旅地产等领域。该系统由增强现实智能头盔和智能运维服务管理云平台组成，可为工业企业提供数字孪生、运维任务管理、人工智能巡检、运维全程录像记录、远程协同、产线智能化升级、三维数字呈现等智能化服务，是工业运维智能化的人工智能＋增强现实整体解决方案。

②基于增强现实的汽车制造辅助装配指导系统。

广州赛宝联睿信息科技有限公司开发的基于增强现实的汽车制造辅助装配指导系统，针对传统汽车装配行业存在的工件识别率低、装配流程繁杂易错、过程不可追溯等痛点，采用高效的图像特征提取方法和视觉惯性联合导航技术，基于深度学习的视觉计算与识别技术、三维空间联合定位技术和多通道人机交互技术等，实现了汽车设计、装配和培训方法的创新，大大提高了工件识别率，可快速准确完成各种装配，有效减少装配过程的误装配率，提高装配质量，并能适应多场景、多变化的用户需求，为汽车制造业企业降本增效。

（2）虚拟现实＋文化旅游

虚拟现实的文旅应用是广东省的特色应用之一，特别是近年来受疫情因素影响，足不出户便能体验大千世界的需求愈发强劲。同时，随着国家对文化力量的重视，人们也开始关注精神文化的培养。因此，此类应用得到了广泛关注与发展，催生出许多有趣的产品与项目。

虚拟现实/增强现实技术与智能轨道船深度融合乘坐体验项目"致远致远"由华强方特文化科技集团股份有限公司开发，为国内首创的全自动水上巡航大型船载体验项目。项目以北洋水师名舰"致远"号为主题，游客可沉浸式体验和见证"致远"号的传奇历程，亲历重大历史事件，感受致远精神。该项目由大型室内全景可控游船、大型虚拟现实影像场景、表演机器人、水炮火炮特技等组成，营造沉浸式交互体验环境。该项目提升了旅游数字化水平，打造了红色旅游新体验。

（3）虚拟现实＋融合媒体

时代的发展对融媒体行业影响深刻，新的融媒体手段是满足广大人民群众美好生活需求的迫切要求，而虚拟现实技术的出现，有助于催生新的融媒体内容与手段。

番禺区融媒体中心是广州市第一个区级融媒体中心，拥有广东省首个4K扩展现实沉浸式智能演播室。演播室采用ViCave XR沉浸式智能演播室系统，实时渲染，达到所见即所得的效果；节目在录制过程中无需抠像合成，简便省时；让主持人的新闻播报和讲解更加精准简洁。该系统节省了人力资源，提高了融媒体时代新闻的时效性。

（4）虚拟现实＋教育培训

虚拟现实与教育培训的融合应用在当前市场中占比最重，形式多样。在国内的高校中，虚拟仿真技术逐渐成为教学中不可或缺的一部分，各高校纷纷成立对应的虚拟仿真实训基地。许多企业开发的科普教育、技能培训等虚拟现实应用软件已经形成示范的应用案例。

①国学书画游戏化教学训练的虚拟现实软件《墨之韵》。

《墨之韵》是一款针对学生进行国学书画游戏化教学训练的虚拟现实软件，由广州逆渡信息技术有限公司开发，是全球首款真正实现毛笔笔触、真实还原毛笔书写绘画的虚拟现实软件。学生佩戴虚拟现实设备，进入虚拟现实书房，书房中配有文房四宝以及香炉、印章、字帖等物品。学生手持毛笔，在笔洗中洗净后，在砚台中轻蘸墨汁，即可在宣纸上进行书法创作；抑或在洗净毛笔后，轻蘸颜料，在试色条上调出需要的颜色，进行国画创作。该软件适配各种平台及虚拟现实设备，操作简便，效果出色，还可根据需求进行定制，将学校文化元素等加入其中。

②虚拟现实轻松学。

广州壹传诚信息科技有限公司开发的"虚拟现实轻松学"，是针对学校、政府机关、企业机构、展馆展览等学习/展示应用而推出的虚拟现实互动教学整体解决方案，内容覆盖红色思政教育、安全教育、法制教育以及禁毒普法教育等，支持多人同步教学，实现教、学、练、考四位一体的高沉浸式学习体验。

（5）虚拟现实+体育健康

虚拟现实与体育健康结合的产品目前似乎不多，究其原因是此类应用的界限不明显，部分与教育培训、医疗领域交叉。当前，PICO旗下的"虚拟现实乒乓""虚拟现实羽毛球"等应用体验感较好。

另外，电竞运动是当下重要的体育应用。利用虚拟现实技术，可有效提升电竞体育的体验效果与娱乐性。

广州卓远虚拟现实科技有限公司开发的元宇宙电竞运动平台，整合了电竞运动内容资源、平台技术资源、电竞运动虚拟现实设备，允许众多虚拟现实线下体验店通过平台进行联动。该公司联合多家机构打造出两款核心电竞运动虚拟现实设备——悬浮骑兵、暗黑行者，实现全国联网、多人互动、多台组合、自由竞技。

（6）虚拟现实+医疗卫生

医疗卫生与民众生活息息相关，虚拟现实技术可以将部分病理结构三维可视化，以高清显示效果来辅助医生进行手术操作；可以协助医生进行手术规划，提升手术成功率；可以进行手术训练，提升医护学员的技能水平。除此之外，利用虚拟现实技术还可以有效推广相关的医疗科普教育。

①SIMDTC–BLS急救星虚拟仿真培训系统。

SIMDTC–BLS急救星虚拟仿真培训系统由珠海虎江科技有限公司研发。该系统对虚拟现实、大数据、云计算及人工智能技术进行创新融合，真实还原基础生命支持多个应用场景并提供沉浸式教学体验，记录并反馈对应操作数据。该系统是依据中国红十字会编制的救护员培训教材与美国心脏协会HeartSaver国际认证急救课程，结合常用急救技能需求与场景研制开发的虚拟现实仿真教学软件。该系统可运行于PICO虚拟现实眼镜，用户可通过手柄控制移动、旋转，实现对操作位置和观察角度灵活的按需变换，深度学习成人心肺复苏、自动体外除颤器使用等急救技能，有效提高院前急救成功率。

②酷睿视高清头戴三维显示器。

酷睿视是深圳纳德光学有限公司旗下的头戴显示器品牌。该头盔可应用在近视防控、斜弱视治疗与训练、视力筛查等眼健康领域，及手术机器人虚拟现实辅助系统等医疗领域。目前，酷睿视在国外眼科虚拟现实手术、手术机器人虚拟现实辅助系统等都有相关应用案例。酷睿视高清头显能为学习者提供更好的模拟体验，在基础医学教学、技能培训、手术训练中，帮助学员提高动手操作能力，提升临床实践能力；缩短培训周期，加速学习者从新手到专家的成长过程；降低培训成本，加速人才培养。

(7) 虚拟现实+演艺娱乐

虚拟现实技术与影视行业相辅相成，从最开始的三维电影，到后来的动作捕捉，再到如今的数字（虚拟）人，都可以看到两者紧密的连接关系。尤其得益于近年国内影视行业的发展，这一应用领域的产品层出不穷，广东省在这一领域也有较多的应用产品与实例。

①虚拟演员"虚拟鹤追"。

虚拟鹤追是一个数字人偶像演员，于2019年官宣出道。该虚拟人由广州虚拟影业有限公司开发，主要在动漫影视行业有较多应用。在经典科幻动画《雄兵连》一二季中，虚拟鹤追饰演重要角色帝蕾娜，并在动画网络大电影《烈阳天道I》中饰演女一号。2021年1月，由哔哩哔哩和虚拟影业联合出品的动画《长剑风云》开播，虚拟鹤追出演女主角贺将，为观众带来了一段热血女卡车司机在末世逆袭生存的小人物史诗故事。虚拟数字人为影视行业带来全新的演绎风格，也吸引了众多观众的眼球与喜爱。

②Vvorld。

Vvorld（前3DV）是广州创幻数码科技有限公司（公司品牌"超次元"）的核心产品，是一个"超次元"集大成的平台。在平台上，用户可以以虚拟化身+多人实时交互的方式，参与漫展、蹦迪、演唱会等各种虚拟活动。还可与超次元自身的VT、AS等虚拟人产品数据打通，通过VVD等配套用户生成内容工具，打造数字资产，进行发布和交易，形成元宇宙用户生成内容社区，覆盖手机、电脑、网页、虚拟现实等各平台。

(8) 虚拟现实+安全应急

虚拟现实技术可以突破时空的限制，随心所欲地构建出逼真的虚拟环境，这一特性也是其重要的应用价值之一。通过相关的软硬件设计，可以模拟现实当中难以发生、无法复现、危险度高的一些灾害事件，实现对群众应急处理的科普教育，这对安全应急科普教育来说是一把利剑。

①知慧芽科普研学馆。

知慧芽是广州市影擎电子科技有限公司旗下产品，旨在打造融合视觉、听觉、触觉等多维感官体验的综合性虚拟现实科普研学馆。该产品涵盖"航空航天科技馆""消防安全体验馆""地震馆""台风馆"等多类型的科普体验馆，可满足不同人群的科普研学需求。

通过营造真实、危险、紧迫的效果氛围，使体验者既能置身真实还原的自然灾害及事故中，又能在紧迫慌乱中急中生智，获得一朝学习、终生难忘的深刻印象，促进了科普工作的开展。

②VR P 应急救援仿真演练平台。

VR P 应急救援仿真演练平台由深圳市中视典数字科技有限公司研发，是一款针对各类灾害性事件发生全过程的虚拟演练平台。按照应用场景的不同，中视典应急预案推演训练系统分为突发公共卫生事件虚拟应急培训系统、石油石化虚拟应急演练培训系统、电力虚拟应急演练培训系统、矿业应急演练系统、地震应急救援处置仿真演练系统等多个子产品，目前已为地震局、中海油、平高集团、神华集团等提供了解决方案。

（9）虚拟现实＋残障辅助

残障群体是社会弱势群体，是我们应该重视与关注的对象。随着时代的发展变化，利用前沿技术手段可以更好地实现残障辅助。虚拟现实技术自身便是关注用户感知呈现的技术，完全可以在残障辅助领域有所发挥，但此领域的相关应用开发也具备较大难度，目前市面上成熟的相关应用还不多。

易手语无障碍智慧平台由鸣啦啦（广州）科技有限公司开发，该平台融合人工智能算法与虚拟现实技术，完成语音/文字/手语的互译互转功能，具有100%我国自主知识产权。平台包含《国家通用手语常用词表》中的所有手语，助推普及国家通用手语，集成全球最大手语语料库。平台可以完成文字、语音内容的智能手语信息播报，适用于导览查询、窗口服务、课堂教学、会议活动和公众通知等。目前国内7所特殊教育学校、20多个聋人就业单位、3万多名聋人正在使用易手语无障碍智慧平台的产品。该平台助推信息无障碍建设，致力于满足聋人群体在文化、政治、教育、出行等社会生活中的信息无障碍需求。

（10）虚拟现实＋智慧城市

可视化是早期虚拟现实技术重要的应用方向，而随着数字经济的到来，将可视化等虚拟现实技术应用于城市建设的实践案例逐渐增多，也成为智慧城市不可或缺的一部分。不过值得一提的是，智慧城市的构建需要投入非常大的资源和精力才能完成，目前市面上的相关应用也主要是针对局部的城市区域进行构建。

广州非遗街区元宇宙由广州市越秀区政府打造，同步展现非遗橱窗、非遗展演、数字交互等丰富元素，深度融合 UE4 三维建模、云渲染、数字人、5G、虚拟现实互动等技术。该元宇宙是一款线上线下融合驱动的创新应用，搭建采用全三维精细化沙盘，基于顶级游戏级渲染引擎打造真实的镜像世界，高度还原北京路骑楼，对广彩、广绣、榄雕等非遗代表作品进行三维超高清数字建模，线下推出虚拟现实眼镜、"联通5G＋北斗"无人零售车等多种交互体验。作为全国首条线上线下融合交互的非遗街区，广州非遗街区（北京路）打破地域与空间的限制，让虚拟世界回归现实生活，探索元宇宙在非遗行业中的应用场景，让非遗更好地融入现代生活，找到传统文化和现代生活的连接点。

3.3.3 优劣势分析与发展建议

（1）优势总结

整体而言，广东省虚拟现实产业在全国范围内属于第一梯队，产业链健全、生态繁荣，能够对内、对外输出相关的虚拟现实硬件、内容等，有望形成产业集聚效应，其优势可概括为以下几点：

①企业数量全国第一，产业链具备繁荣基础。

截至 2022 年，广东省虚拟现实相关大中小企业已超 8 000 家，在数量上处于全国第一。而这些企业中既有终端头显的研发厂商（字节跳动等），也有虚拟现实芯片研发企业（珠海全志科技等），还有从事虚拟现实内容生产的众多企业。广东省在全国乃至全球的虚拟现实产业版图上都是最为繁荣的地区之一。

②终端硬件厂商实力强劲。

最早的虚拟现实线下体验店便根植于广州番禺，并逐步形成全国范围内最大的虚拟现实体验店交流、交易平台，广州卓远、广州玖的、影动力、龙程电子等厂商均在此领域有长期研究与积累。终端头显方面，创维数字、燧光（Rhino X Pro）、深圳纳德光学以及谷东科技的增强现实眼镜等，在国内市场都有一定的影响力，继字节跳动收购 PICO 并发布产品 PICO 3、PICO 4 之后，广东省在虚拟现实一体机领域进一步领先全国。在核心器件等方面，光学与显示模组龙头企业之一的 TCL 便坐落于广东惠州，珠海的全志科技在芯片、显示模组领域也十分出色，还有众多企业在数据手套、交互手柄上有很多研究与产品。由此可见，广东省的虚拟现实终端硬件厂商实力是十分强劲的。

③内容生产丰富。

在虚拟现实应用方面，广东省在诸多领域走在全国前列，省内拥有众多的软件开发公司和创业团队，开发了虚拟现实/增强现实＋游戏、虚拟现实/增强现实＋教育、虚拟现实/增强现实＋医疗等应用程序和解决方案。一些大型企业，如华为、腾讯、网易等，也在虚拟现实技术上投入了大量的研发资源。同时，广东省内虚拟现实相关的小微创新企业数量很多，基本专注在虚拟现实应用内容生产方面，虚拟现实应用项目数量居全国前列。

④渠道平台与市场环境好。

广东省拥有强大的制造业基础、完备的电子设备供应链、便捷的国内外贸易渠道、毗邻港澳台，是众多的行业龙头企业坐落地，在渠道平台方面拥有得天独厚的优势。广东省的创业氛围良好，拥有多所创业孵化基地与产业园，并在粤港澳大湾区建设的推动下，涌现出一大批初创企业。另外，省内消费市场巨大，对虚拟现实/增强现实应用的需求较为旺盛，为企业提供了广阔的市场空间，其中也包括高校等教育机构的虚拟现实仿真课程与培训需求。

⑤人才储备较好。

广东省珠三角地区经济总量位于全国前列，高新领域的人才资源丰富，拥有熟练掌握虚拟现实技术的研发人才和优秀的设计师、营销人员等。另外，省内如广东工业大学的广东省虚拟现实及可视化工程技术研究中心、大湾区虚拟现实研究院等高校与研究机构，也输出了许多该领域的技术与科研人才，一些高校与企业还建立了双赢的校企协同育人机制，共同培养虚拟现实方面的技术人才，整体上人才储备良好。

（2）劣势分析

尽管广东省的虚拟现实产业有先天优势，但也存在发展不均衡、尖端技术与研究能力略有欠缺、政策环境不够明确、发展不均、标准不齐等问题。

①尖端技术与实力略有不足。

省内部分厂商已是国内龙头企业，但创新和尖端科技实力相比国外龙头有些底蕴不足，特别是国产自研的设计与引擎软件、芯片等差距较大，容易受到"卡脖子"影响。另外，广东省内的虚拟现实、增强现实研发机构（包括基础理论和应用技术）与北京、上海相比也略有差距，例如国内开展虚拟现实技术研究的高校与研究机构以及突出成果较多集中在北京、上海（表3-8），一些厂商的相关研发中心也主要设置在北京、上海，省内开展虚拟现实研究的团队数量和实力相对不足。

②政策指引不明确、力度不足。

政府政策是影响企业、机构创新与发展的重要因素，近年来，全国各地纷纷出台虚拟现实/增强现实和元宇宙等相关产业发展政策，而广东省较北京、上海、江西等地明显不足（详见第5章相关内容），尤其缺乏针对虚拟现实产业发展的省级层面专项引导和支持政策。另外，在粤港澳大湾区的建设中，广东省也鲜有强有力的引导性政策，难以有效促进虚拟现实产业快速发展。其次，受疫情环境以及技术发展瓶颈等因素影响，整体经济环境下滑，高新产业发展受阻，也急需省政府出台相关政策来助力经济恢复与虚拟现实产业发展。

③发展不均衡、产业联系不紧密。

一方面，省内产业分布不均、区域发展不平衡。广东省内虚拟现实相关企业数量庞大，但基本集中在珠三角地区，其中深圳市的相关企业数量远超其他地区，约占76%，不利于产业的辐射与应用，厂商之间难以建立紧密合作关系。另一方面，受众市场与普及度不足。目前省内的虚拟现实内容市场主要集中在企业用户，个人用户市场迟迟没有打开。同时，较多企业的品牌塑造能力不足，在民众中的普及程度较低，多数人对其了解不深，单一的市场应用成为发展的主要瓶颈。

④产业、企业、技能人才标准不清晰。

虚拟现实产业发展较晚，还未形成明确且统一的开发、应用标准，这在一定程度上影响了厂商之间的合作与发展。2021年，国家出台了虚拟现实工程技术人员的行业人才标准，成为国内虚拟现实行业人才培养和发展的重要参考，不过发布时间过了一年多，相关的技能证书、职称证书以及企业人才标准的同步更新等还没跟上。这些问题在广东省内同样存在。

（3）发展建议

经过以上分析，我们提出以下几点发展建议：

①加强政策引导，激活产业活力。广东省虚拟现实产业链比较繁荣，通过强有力的政策引导与激励，可进一步发挥产业集群效应，有望引导市场，获得更大份额。同时，政府应鼓励支持初创企业，保证新鲜血液流入产业。

②增加政策激励，鼓励创新。增加专门针对虚拟现实的科学计划，激励相关的研究机构、企业部门进行技术与应用创新，提升省内虚拟现实行业在基础研究、关键核心技术、终端整机方面的水平。通过技术突破，加强自主知识产权的创造和储备，掌握市场话语权。

③积极开拓需求市场。积极开展虚拟现实技术与应用科普教育，打开个人用户市场，扩大内需。同时开拓外部市场，输出优秀产品，提高知名度，促进持续发展。

④深化内容应用，注重实用，提升产品质量，做好平台服务，积累用户群体。随着虚拟现实技术与应用的普及，市场对产品的要求必然有所提高，只有品质高、可靠性强的产品才能吸引并留住消费群体。

⑤加强产业合作、产学研合作，充分发挥省内优势。广东省注重实业发展，所以应鼓励探索有效的产学研模式，加强技术研究机构与企业之间的联系。企业资助研发机构开展技术攻关，能够促进创新、实用技术的产出，实现成果的有效转化，并提升企业的自主研发能力、产品质量、生产经营能力和行业辐射能力。

第 4 章

虚拟现实人才状况及人才培养

虚拟现实技术已经成为人们生活中的重要组成部分，为我们的工作、学习和娱乐提供了全新的视角和体验。无论是教育、医疗、旅游，还是工业设计、游戏娱乐等领域，都能看到虚拟现实技术的广泛应用和深远影响。因此，培养一支具有专业技能和创新精神的虚拟现实人才队伍，已经成为社会和产业发展的紧迫需求。本章将针对广东省的具体实际，分析和理解虚拟现实这一新兴技术领域的人才需求与培养情况，探讨和总结虚拟现实领域的人才培养标准。

4.1 虚拟现实产业岗位人才需求

4.1.1 全球虚拟现实产业生态与人才需求

从全球产业生态来看，虚拟现实产业不再只是为游戏或娱乐提供服务，而是拓宽到了医疗、教育、军事、房地产、零售和旅游等多个领域。虚拟现实凭借身临其境的体验，创造了与传统业务模式和工作方式有着显著区别的全新样态，为各行各业带来了巨大的商业价值和社会效益。此外，虚拟现实产业的生态链也日益完善，包括硬件设备制造、软件开发、内容制作、平台服务等多个环节，形成了全方位、多层次的产业格局。

随着产业的扩展和深化，对相关人才的需求也越来越大。虚拟现实产业需要各类专业人才，包括但不限于软硬件工程师、三维设计师、用户界面/用户体验（UI/UX）设计师、内容制作人员、项目经理以及市场营销人员等。他们需要掌握强大的技术能力，具备创新思维和团队合作精神，同时对虚拟现实技术和应用有深入的理解和独特的见解。随着虚拟现实技术的进步，对人才的需求也在不断演变和升级，尤其对拥有跨领域知识和技能的复合型人才需求更加旺盛。具体来说，虚拟现实从业者需要具备以下能力和素质：

（1）基础理论知识

包括电子、计算机、网络、人机交互、图形图像等方面的基础理论知识，以及虚拟现实技术的基本原理、工作原理等方面的知识。

（2）技术实践能力

熟练掌握虚拟现实技术的开发工具、编程语言、开发环境等，能够独立完成虚拟现实应用的设计、开发、测试等工作。

（3）创新思维能力

具备创新思维和创新能力，能够根据市场需求和技术发展趋势，提出新的虚拟现实应用方案和创新模式。

然而，当前虚拟现实人才培养的规模远远满足不了社会需求。一方面高端从业者极为稀缺，另一方面市场需求却不断增加，从而导致薪酬水平不断攀升。全球范围也呈现类似情况，虚拟现实产业中一些高端从业者的薪酬水平高达年薪几十万甚至上百万美元。

4.1.2 国内虚拟现实产业生态与人才需求

相较于全球虚拟现实市场，中国国内的虚拟现实市场尚处于较为初级的发展阶段。随着国家政策的不断扶持和推动，虚拟现实产业正在逐步壮大。据有关数据预测，到2025年，虚拟现实产业规模将超过2 500亿元。

在国内虚拟现实从业者中，虚拟现实开发工程师（主要面向应用开发）的占比较高，薪酬较其他软件开发工程师略高，其年薪如图4-1所示。一般来说，该职位对学历要求不高，本科或大专学历即可，而且两种学历之间的薪酬差别不大。这主要是因为虚拟现实相关开发工具的入门门槛较低，对开发人员的理论知识要求不高，重要的是从业者的专业能力和经验。

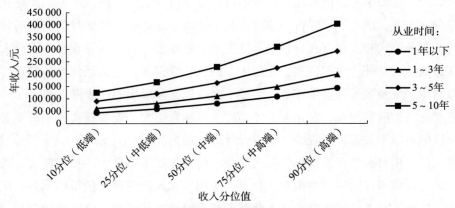

图4-1　虚拟现实开发工程师年收入分位图

此外，虚拟现实建模师的需求也较大，其薪酬分布如图4-2所示。虚拟现实对建模师的技能要求非常高，虽然有很多人从事虚拟现实建模，但真正能够达到理想技能要求的人才极为稀缺。这是导致虚拟现实建模师薪资待遇跨度较大，同时经验加成（特别是技能不高的情况下）相较于开发工程师明显减弱的主要原因。

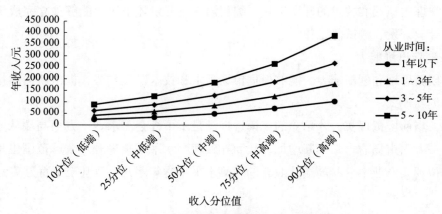

图4-2　虚拟现实建模师年收入分位图

相比之下，虚拟现实算法工程师占比较小。该岗位主要负责核心算法的开发与研究，通常要求研究生或以上学历。其起薪点相较于开发工程师来说高出近40%,如图4-3所示。国内一些实力较强的企业正专注于虚拟现实底层技术的研发,如数字人驱动和仿真算法等方面。

随着虚拟现实产业的快速发展,对相关人才的需求也日益增长,涉及的技术和领域极为广泛,包括虚拟现实技术的开发、应用、设计、交互、渲染等,以及在游戏、影视、医疗、教育、建筑等行业的应用。因此,虚拟现实人才的需求巨大,预计未来将继续保持增长态势。

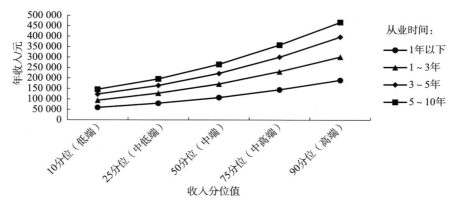

图4-3　虚拟现实算法工程师年收入分位图

4.1.3　广东省虚拟现实产业生态与人才需求

广东省是中国虚拟现实产业发展的重点区域之一,虚拟现实产业的生态和人才需求也与全国和世界趋势相似。广东省人力资源和社会保障厅发布的数据显示,截至2022年年底,广东省虚拟现实产业的从业人员总数已超过4.4万人,其中,广州、深圳、珠海、东莞等地是重点发展区域。

广东省的虚拟现实产业以游戏、文化娱乐、广告、旅游等领域为主,同时也涉及医疗、教育、工业、建筑等多个领域。从业者需要具备较为全面的技能和素质,包括电子信息、计算机技术、网络技术、图形图像等基础理论知识,以及虚拟现实技术原理、应用等方面的知识。

虚拟现实产业在广东省的快速发展和广泛应用,也带来了对从业者的旺盛需求。招聘网站(Boss,智联等)的统计数据显示,广东省虚拟现实从业者的薪酬水平也在逐年攀升,其中虚拟现实技术研发人员、高级工程师、游戏策划师等职位的薪酬水平较高。与此同时,广东省虚拟现实产业的发展也促进了产学研合作,各大高校和科研机构也积极参与到虚拟现实产业的人才培养和技术研发中。例如,广东省大数据与虚拟现实技术工程实验室在虚拟现实领域开展前沿技术研发，广东工业大学设有广东省虚拟现实及可视化工程技术研究中心，华南理工大学、中山大学等高校也开设了相关的虚拟现实专业，为虚拟现实产业培养了大量优秀人才。截至2023年4月，广东省内开设有虚拟现实专业且在教育部进行正式备案的高职院校有14家。

随着虚拟现实技术的不断创新和应用，未来虚拟现实产业的人才需求将进一步增长。因此，对于从业者来说，不断学习、提升自身的技能和素质，不断适应市场的需求和变化，才能在虚拟现实产业中获得更好的发展机遇。

4.2 国内虚拟现实工程技术人员标准与培养

4.2.1 技术人员标准分析

2020年3月，人力资源和社会保障部会同市场监管总局和国家统计局，正式将"虚拟现实工程技术人员"确立为新职业。2021年，人力资源和社会保障部与工信部共同发布了虚拟现实工程技术人员的职业技能标准文件——《国家职业技术技能标准：虚拟现实工程技术人员》（以下简称《标准》）。《标准》针对虚拟现实工程技术人员制订了详细的职业能力要求和评估标准。

（1）虚拟现实工程技术人员的定义、职业功能及专业能力要求

根据《标准》的定义，虚拟现实工程技术人员是使用虚拟现实引擎及相关工具，进行虚拟现实产品策划、设计、编码、测试、维护和服务的工程技术人员。其职业功能包括搭建虚拟现实系统、开发虚拟现实应用、设计虚拟现实内容以及管理虚拟现实项目。同时，为了更好地区分不同等级虚拟现实工程技术人员的技能水平，《标准》为职业发展提供了清晰的职业晋升路径，每个职业功能均划分为初级、中级与高级三个等级，各等级的专业能力要求如表4-1所示。

表4-1 职业功能专业能力要求

序号	职业功能	工作内容	专业能力要求		
			初级	中级	高级
1	搭建虚拟现实系统	搭建硬件系统	①能操作和维护常见的虚拟现实设备；②能依据开放要求对系统区域的交互设备进行规划布置；③能规划设备位置及布线；④能排查常见虚拟现实硬件系统的故障	①能根据项目需求和虚拟现实硬件适用范围，确认硬件选型方案；②能依据现场环境和硬件配置清单，制订工程实施方案；③能针对多人系统，制订组网规划方案；④能根据现场施工情况进行故障处理指导；⑤能通过现有设备集成的方式配置虚拟现实硬件系统	①能根据安全施工规范，整体规划硬件设施安全方案；②能根据硬件系统类型，制订统一的施工要求；③能根据不同硬件设施，制订故障处理规范及流程；④能对虚拟现实显示设备进行标准化测试；⑤能搭建大范围增强现实交互环境；⑥能使用增强现实设备，并集成增强现实硬件系统

续表

序号	职业功能	工作内容	专业能力要求		
			初级	中级	高级
1	搭建虚拟现实系统	部署软件系统	①能安装常见虚拟现实系统的软件运行环境；②能配置多人联网系统的网络环境；③能根据软件部署方案，安装虚拟现实软件，并进行现场调试	①能根据应用需求，制订虚拟现实软件部署方案；②能根据硬件性能，对虚拟现实软件进行配置和调优；③能批量安装虚拟现实软件	①能根据权限安全规范，审核源码，制订软件权限安全方案；②能为软件开发部门提供整体规划软件开发、配置及扩展方案意见；③能根据软件特点，制订软件升级策略；④能根据调试结果，制订软件部署优化方案
2	开发虚拟现实应用	开发应用程序	①能使用虚拟现实引擎及相关工具实现基础交互功能；②能接入常见的虚拟现实显示设备；③能使用编程、调试工具调试代码；④能使用软件编号管理更新软件的版本	①能根据源代码级软件架构，开发各功能模块接口；②能根据流程图，梳理代码逻辑，优化接口及功能模块；③能对软件工程进行合并和迁移，实现不同工程之间代码的复用；④能使用虚拟现实引擎及相关工具实现多人联网交互；⑤能针对同一类型的功能需求，开发虚拟现实引擎及相关工具通用插件；⑥能接入除虚拟现实显示设备以外的其他虚拟现实外设	①能根据应用软件开发需求，设计系统架构；②能对软件最终效果进行优化，提升软件运行效率；③能针对典型的业务需求，提炼出相应的软件工程模板；④能制订软件开发规范，统一项目组内的编程规范；⑤能通过修改源码，定制虚拟现实引擎及相关工具编辑器；⑥能接入增强现实设备，定制开发增强现实应用程序
		测试应用	①能根据测试用例，对应用进行接口、功能、压力等黑盒测试；②能根据测试用例，对代码进行逻辑、分支等白盒测试；③能根据测试结果，编写软件测试报告；④能搭建虚拟现实系统测试环境	①能根据测试需求，制订相应的测试用例；②能根据测试需求，开发测试脚本；③能搭建多人系统测试环境，完成多人联网系统的测试	①能根据项目进度，制订软件测试计划；②能根据测试计划，协调人力、设备等测试资源；③能根据测试计划，管控软件缺陷和软件配置项；④能根据性能需求，进行系统深度性能优化测试

续表

序号	职业功能	工作内容	专业能力要求		
			初级	中级	高级
2	开发虚拟现实应用	与第三方系统的数据交互	—	—	①能通过传输控制协议（TCP）、用户数据报（UDP）等常用通信接口与第三方系统通信；②能根据第三方系统数据格式制订通信协议
3	设计虚拟现实内容	采集数据	①能根据要求对采集设备进行选型；②能使用常用采集设备进行数据采集工作；③能编辑数据，并导出、迁移至数据处理软件	①能处理不同类型的原始数据；②能修补点云数据，并转换为模型；③能使用相机获取制作三维模型材质的参考图片；④能修补正视/斜视拍摄数据，并转换为模型	①能针对不同项目需求编辑原始数据；②能使用全景相机进行全景视频数据采集；③能对数据进行分类存储并制订对应调用方案；④能采用先进数字角色采集技术进行数字人资产采集
		制作三维模型	①能使用软件创建基本几何体；②能使用软件的样条线工具制作简单造型；③能使用软件创建多边形网格模型；④能使用软件进行几何体的布尔、放样等运算；⑤能导入、导出、合并不同格式模型	①能使用软件的各种修改器命令制作模型；②能使用多边形建模工具制作硬表面模型；③能制作三维模型中的高面数、高细节度模型；④能使用拓扑工具制作低面数三维模型；⑤能使用纹理贴图坐标（UV）工具对模型进行纹理贴图坐标展平及分配	①能使用数字雕刻软件制作复杂造型模型；②能使用三维建模软件制作生物类型三维模型；③能使用各种建模软件的插件制作特殊需求的三维模型；④能设计制作多细节层次（LOD）模型；⑤能规划三维模型资产制作流程方案和规范标准
		制作材质	①能命名、赋予、删除模型的材质；②能链接不同类型贴图与材质通道；③能使用软件对材质进行编辑	①能针对不同模型规划和制作多维子材质；②能使用贴图制作工具烘焙法线、高度、环境遮挡贴图；③能使用贴图制作软件制作标准基于物理的渲染（PBR）流程材质贴图；④能使用材质制作软件输出各引擎材质模板预设贴图	①能制作水面材质并且表现出水面的反光和折射等属性；②能制作具有次表面散射属性的材质；③能制作具有自发光属性的材质

续表

序号	职业功能	工作内容	专业能力要求		
			初级	中级	高级
		处理图像	①能使用图像处理软件导入并修改图片基本参数；②能使用图像处理软件拼接、裁切图片；③能使用图像处理软件调整图片格式和颜色模式	①能使用图像处理软件创建并调整图层、通道和蒙版；②能使用图像处理软件完成选区、抠图、调色；③能使用图像处理软件的画笔、钢笔工具绘制图像；④能使用图像处理软件的图层叠加模式合成图像；⑤能使用图像处理软件的滤镜功能进行图像编辑	①能使用图像处理软件调整不同风格图片；②能使用图像处理软件调整和编辑法线、高度等类型贴图；③能使用图像处理软件对三维渲染图片进行后期加工；④能使用图像处理软件制作虚拟现实项目宣传图片
3	设计虚拟现实内容	创建与渲染场景	①能将三维模型、贴图等素材导入虚拟现实引擎及相关工具；②能使用虚拟现实引擎及相关工具创建场景文件；③能使用虚拟现实引擎及相关工具设置三维模型的多细节层次数值；④能使用虚拟现实引擎及相关工具创建摄像机和修改相关参数；⑤能使用虚拟现实引擎及相关工具创建、分类、管理各项美术资源	①能使用虚拟现实引擎及相关工具的地形编辑系统制作不同地形；②能使用虚拟现实引擎及相关工具绘制不同地表和植被；③能使用虚拟现实引擎及相关工具搭建各种类型的光照环境；④能使用虚拟现实引擎及相关工具的材质编辑器绘制标准基于物理的渲染材质效果；⑤能使用虚拟现实引擎及相关工具烘焙静态光照效果；⑥能使用虚拟现实引擎及相关工具的物理属性功能模拟风力、重力；⑦能使用虚拟现实引擎及相关工具设置碰撞和可行走区域；⑧能使用虚拟现实引擎及相关工具设置不同样式的天空盒	①能使用虚拟现实引擎及相关工具搭建、编辑各种风格的场景；②能使用虚拟现实引擎及相关工具进行后期处理；③能使用虚拟现实引擎及相关工具管理和优化美术资源；④能使用虚拟现实引擎及相关工具的材质编辑器制作复杂材质

续表

序号	职业功能	工作内容	专业能力要求		
			初级	中级	高级
3	设计虚拟现实内容	制作特效		①能使用虚拟现实引擎及相关工具制作特效材质; ②能使用虚拟现实引擎及相关工具的粒子特效系统调节粒子参数; ③能使用虚拟现实引擎及相关工具设置大气雾和指数雾等雾效	①能使用虚拟现实引擎及相关工具模拟火焰、火光等特效; ②能使用虚拟现实引擎及相关工具模拟水面、瀑布、油等特效; ③能使用虚拟现实引擎及相关工具模拟爆炸、破碎等动态效果; ④能使用虚拟现实引擎及相关工具制作下雨、闪电、暴风雪等特效
		设计用户界面		①能使用图像处理软件绘制图标、按钮、滑杆等素材; ②能将用户界面图片素材切片并导入虚拟现实引擎及相关工具; ③能根据项目风格,绘制不同类型的用户界面素材	①能设计静态交互界面和动态交互界面; ②能分析用户使用软件习惯,并制订相应用户界面方案
		制作动画		①能使用软件制作适配模型的骨骼系统; ②能使用软件对模型进行绑定、蒙皮等操作; ③能使用软件制作行走、跑步、跳等动作; ④能将动作数据分段导出和导入	①能使用虚拟现实引擎及相关工具分割、调用动画文件; ②能使用动作捕捉设备获取三维数据,并驱动动画; ③能规划项目动画方案
4	优化虚拟现实效果	视觉表现		①能针对美术表现需求编写相应着色器; ②能围绕美术内容制作相应插件和工具	①能根据项目需求制订模型、材质等素材的原型设计方案; ②能根据项目风格实现底层渲染管线搭建
		优化性能		①能使用分析工具和数据表格分析内容,选择优化性能的方案; ②能根据项目需求制订降低场景复杂度方案	①能制订美术内容制作指南和工作流程; ②能根据项目情况在美术表现和程序代码之间找到最适用方案

续表

序号	职业功能	工作内容	专业能力要求		
			初级	中级	高级
5	管理虚拟现实项目	对接项目需求	①能根据团队既定计划，收集市场目标信息；②能根据与客户沟通反馈情况整理需求文档；③能根据销售团队要求，制作宣讲材料	①能向市场宣传、介绍典型项目案例；②能与业务部门合作挖掘客户需求	①能与业务部门合作引导客户需求；②能挖掘行业普遍需求，提炼产品价值特征，整理竞品分析报告；③能建立目标市场分析模型，对市场策略制订提出建议
		设计解决方案	①能收集客户技术问题，并进行整理归纳；②能参考已有的项目解决方案调整制订具体的解决方案	①能依据技术解决方案，解答客户技术咨询问题；②能根据项目需求，在产品功能和技术架构相关技术文档基础上调整输出解决方案；③能进行项目演示和项目方案讲解	①能解决客户技术咨询难题，并提供技术解决方案；②能根据产品功能设计和技术架构，输出产品的配套文档，并根据项目需求针对性设计解决方案；③能参与项目架构设计与产品设计，并提出建设性意见
		管理项目进程	①能根据项目计划，跟踪项目进展；②能与需求方保持沟通，及时反馈项目情况；③能根据验收要求，进行项目交付验收检查	①能向团队成员传达项目策划案的内容，并协调各岗位之间的工作；②能根据测试结果，组织人员对测试缺陷进行技术攻关；③能结合业务情况组织项目交付	①能根据实际情况完成项目策划，并输出项目策划方案；②能协调各方资源，整体管控项目进度和质量；③能识别各种风险，处理项目生命周期内的各种突发状况
		指导与培训		①能整理产品使用手册，组织使用人员参与操作培训；②能依据技术培训材料，针对相关从业人员开展专业能力培训	①能制订技术人员培训方案；②能编写技术培训材料；③能对相关从业人员开展专业能力指导培训

（2）虚拟现实工程技术人员的理论知识要求及各等级异同分析

由表4-1可知，虚拟现实工程技术人员为达到上述专业能力要求，需要掌握多项理论知识。

①计算机图形学和图像处理。

计算机图形学和图像处理是虚拟现实技术的基础，因此虚拟现实工程技术人员需要掌握相关理论知识，如矩阵变换、三维几何、多边形填充、光照模型、纹理映射等。

②虚拟现实技术。

虚拟现实技术包括虚拟环境建模、虚拟人物建模、虚拟现实系统设计与开发等方面的知识。虚拟现实工程技术人员需要掌握虚拟现实技术的理论知识，如虚拟环境中的交互方式、虚拟人物的动画效果、虚拟现实场景的渲染等。

③人机交互技术。

人机交互技术是指人与计算机之间的交互方式和实现技术。在虚拟现实应用中，人机交互技术尤为重要，虚拟现实工程技术人员需要掌握人机交互技术的相关理论知识，如手势识别、语音识别、眼动追踪、体感交互等。

④三维数学基础。

虚拟现实技术涉及大量的数学知识，包括三维几何、矩阵运算、曲线和曲面表示、体绘制等。虚拟现实工程技术人员需要掌握相关理论知识，以便在虚拟现实场景中进行建模和渲染。

在整个知识体系中，计算机图形学和图像处理、虚拟现实技术、人机交互技术以及三维数学基础的权重较高。具备这些理论知识基础，能够更好地开展虚拟环境的建模、人物的建模、场景的渲染以及交互方式的设计等工作，提升虚拟现实应用的质量和效果。

此外，初级、中级和高级虚拟现实工程技术人员在理论知识和方法的要求上存在差异。

初级人员需要掌握基本的计算机图形学和图像处理知识，包括二维图像处理、图形渲染基础等，了解虚拟现实技术的基本原理和应用领域，能够使用虚拟现实软件进行场景建模和简单动画制作，能够完成简单的虚拟现实系统设计和开发任务。此外，初级人员还需要了解基本的人机交互技术和三维数学基础。

中级人员需要进一步加强计算机图形学和图像处理方面的知识，包括三维几何、多边形填充、光照模型、纹理映射等，掌握更多的虚拟现实技术和应用场景，能够熟练使用虚拟现实软件进行复杂的场景建模和动画制作，能够完成较为复杂的虚拟现实系统设计和开发任务。中级人员还需要深入了解人机交互技术和三维数学基础，并能够应用这些知识解决实际问题。

高级人员需要具备较为深入的计算机图形学和图像处理知识，包括高级的光照模型、体绘制、曲面建模等，掌握虚拟现实技术的前沿和热点，能够进行虚拟现实系统的架构设计和开发，具备虚拟现实技术领域的研究能力。高级人员还需要深入了解人机交互技术和三维数学基础，并能够运用这些知识进行创新性研究、解决复杂问题。

4.2.2 岗位对应标准与培养策略

虚拟现实产业涉及的技术领域非常广泛，相关技术也在不断发展。因此，虚拟现实相关的岗位类型及其细分岗位也在不断发展。根据目前相关的行业报告、招聘网站以及相关企业的招聘信息等公开渠道数据，可将就业岗位类型划分为虚拟现实技术开发与研究、虚拟现实内容设计与制作、虚拟现实应用与服务三大类别，所对应的细分岗位如表4-2所示。

表4-2 虚拟现实产业就业类型及细分岗位

序号	就业岗位类型	细分岗位
1	虚拟现实技术开发与研究	虚拟现实引擎开发工程师
		虚拟现实算法工程师
		虚拟现实图形学工程师
		虚拟现实软件测试工程师
		虚拟现实建模师
2	虚拟现实内容制作与设计	虚拟现实美术设计师
		虚拟现实动画制作师
		虚拟现实游戏策划师
		虚拟现实影视特效师
		虚拟现实场景搭建师
3	虚拟现实应用与服务	虚拟现实应用软件工程师
		虚拟现实产品经理
		虚拟现实运营师
		虚拟现实营销师
		虚拟现实教育应用工程师

（1）虚拟现实技术开发与研究类别岗位的培养策略

该类人才主要从事虚拟现实技术的研究和开发。在培养策略方面，可以采取以下措施。

①在计算机科学、软件工程等相关专业中，招募具备扎实的计算机基础和编程能力的学生；

②针对虚拟现实软件开发的特殊需求，加强学生在计算机图形学和图像处理、人机交互技术和软件测试等方面的学习；

③提供实践机会，让学生参与实际项目开发，并逐步承担更多责任和任务；

④鼓励学生参与相关的虚拟现实技术比赛和竞赛,提升实践能力和创新能力。

(2) 虚拟现实内容制作与设计类别岗位的培养策略

该类人才主要从事虚拟现实内容的制作与设计。其培养策略应注重提高沟通、观察与协作能力:

①鼓励学生进行实地考察和素材采集,培养观察和分析能力,增强对虚拟现实内容的理解和感知;

②建立与相关行业的合作关系,为学生提供更多实践机会,促进学生与行业的融合;

③鼓励学生参加相关的虚拟现实内容创意设计比赛和竞赛,提升创新和设计能力;

④加强对学生职业素养和团队合作能力的培养,提高沟通和协作能力。

(3) 虚拟现实应用与服务类别岗位的培养策略

①在计算机动画、视觉艺术设计等相关专业中,招募具备扎实的计算机基础和艺术设计能力的学生;

②针对虚拟现实内容制作的特殊需求,加强学生在计算机图形学和图像处理、三维数学基础和视觉艺术设计等方面的学习;

③提供实践机会,让学生参与虚拟现实内容的创作和制作,并逐步承担更多责任和任务;

④鼓励学生进行实地考察和素材采集,培养观察和分析能力,增强对虚拟现实内容的理解和感知;

⑤建立与相关行业的合作关系,为学生提供更多实践机会,促进学生与行业的融合;

⑥鼓励学生参加相关的虚拟现实内容创意设计比赛和竞赛,提升创新和设计能力;

⑦加强对学生职业素养和团队合作能力的培养,提升沟通和协作能力。

4.3 广东省虚拟现实人才状况与培养情况

4.3.1 学科专业建设

为应对虚拟现实行业日益增长的人才需求，广东省的高等学府已积极调整其人才培养策略，主要通过两种方法实施：一是在技术类（如计算机科学与技术、软件工程、网络工程、数字媒体技术）或设计类（如艺术设计、工业设计、数字媒体艺术）专业中增设相关课程或教学内容；二是直接开设虚拟现实技术应用专业。如中山大学、华南理工大学、广东工业大学、暨南大学等本科院校基本采用第一种方法，即设立虚拟现实相关的选修课或公开课，让设计类与计算机类专业的学生能够深入了解虚拟现实技术，进而为虚拟现实产业培育合格人才。广东省本科院校中开设的与虚拟现实人才培养相关的学科专业主要有以下五个。

（1）计算机科学与技术

计算机科学与技术是虚拟现实人才培养的核心学科之一，涵盖计算机基础、数据结构与算法、计算机图形学、计算机视觉、人机交互等方面的知识，能为学生提供扎实的计算机科学基础和虚拟现实技术基础。

（2）软件工程

软件工程是虚拟现实人才培养的另一个重要学科，该专业以计算机科学与技术为知识基础，主要培养学生软件开发的基础知识和技能，包括软件设计、软件测试、软件项目管理、软件质量保证等方面，对于虚拟现实软件开发人才的培养有着重要意义。

（3）网络工程

虚拟现实技术的发展需要支撑其应用的网络基础设施，因此，网络工程也是虚拟现实人才培养的重要学科之一。该专业主要培养学生在网络基础知识、网络设备与系统、网络安全与管理等方面的能力，为虚拟现实技术的应用提供强有力的网络支持。

（4）艺术设计

虚拟现实技术是一个涉及多学科的交叉领域，艺术设计也是其中重要的一环。该专业主要培养学生在视觉设计、创意设计、平面设计、动画设计等方面的能力，为虚拟现实内容制作人才的培养提供支持。

（5）数字媒体

数字媒体技术专业主要涉及多媒体内容开发和展示技术，涵盖数字图像处理、三维建模、动画制作、数字音频与视频、多媒体交互设计等方面的知识和技能。数字媒体技术为虚拟现实内容的开发和推广提供了重要支撑。

此外，机械制造、土木工程等专业也涉及与虚拟现实相关的丰富知识内容。

高职院校则主要采用第二种方法来培养虚拟现实人才。目前，广东省有13家高职院校设置了虚拟现实专业，致力于培养专业虚拟现实人才的综合素质和技能，如表4-3所示。

表4-3 设有虚拟现实专业的13家广东省内高职院校

省份/直辖市	专业代码	专业名称	学校名称	年限
广东省	510208	虚拟现实技术应用	广东工贸职业技术学院	3
广东省	510208	虚拟现实技术应用	深圳职业技术学院	3
广东省	510208	虚拟现实技术应用	广东农工商职业技术学院	3
广东省	510208	虚拟现实技术应用	广东邮电职业技术学院	3
广东省	510208	虚拟现实技术应用	深圳信息职业技术学院	3
广东省	510208	虚拟现实技术应用	广东省外语艺术职业学院	3
广东省	510208	虚拟现实技术应用	广州现代信息工程职业技术学院	3
广东省	510208	虚拟现实技术应用	广东理工职业学院	3 或 2
广东省	510208	虚拟现实技术应用	广州华南商贸职业学院	3
广东省	510208	虚拟现实技术应用	广东工程职业技术学院	3
广东省	510208	虚拟现实技术应用	广州铁路职业技术学院	3
广东省	510208	虚拟现实技术应用	广东文理职业学院	3
广东省	510208	虚拟现实技术应用	东莞职业技术学院	3

正是这些学科与专业，培养了一批批从事虚拟现实技术工作、研究与教育的人才，从而推动虚拟现实技术在广东省的发展和应用。

4.3.2 产学研合作

在广东省的虚拟现实人才培养中，产学研合作是非常重要的手段。经过多年的实践，广东省虚拟现实产业在产学研合作上，已经表现出鲜明的特点。

（1）合作模式多样化

广东省的虚拟现实人才培养产学研合作模式多样化，包括联合培养、双向交流、科技成果转化等形式。企业与高校合作，通过联合开设课程、建设实验室、提供实习岗位等方式，共同培养虚拟现实人才；高校与研究机构合作，共同进行虚拟现实技术的研究与开发；企业与研究机构合作，共同探索虚拟现实技术在实际应用中的创新与发展。

（2）合作机构广泛

广东省的虚拟现实人才培养合作机构广泛，包括高校、科研机构、企业等。例如，广东工业大学的广东省虚拟现实及可视化工程技术研究中心深度开展校企合作，向社会输出了较多的虚拟现实人才；广州大学与广州蓝视影视制作有限公司合作开设虚拟现实实训中心，共同培养虚拟现实人才；广东工贸职业技术学院与广东工业大学合作，联合设立相关技能实践工作室，培养技能与应用型的虚拟现实人才。

（3）成果转化效果显著

广东省的虚拟现实人才培养产学研合作成果转化效果显著。例如，广东工业大学的广东省虚拟现实及可视化工程技术研究中心与广州地铁、华为、珠海航新、南方测绘等企业开展多个虚拟现实设备与应用研发，并在实际生产生活中投入应用；资助华南理工大学研发的虚拟现实设备，已经在珠海市的公安、交警等单位得到应用。许多虚拟现实技术的产学研合作成果已经广泛应用于医疗、教育、娱乐等领域。

总之，在广东省的虚拟现实人才培养中，产学研合作是非常重要的一环，通过多样化的合作模式、广泛的合作机构以及成果转化的有效实践，不断推动虚拟现实技术在广东省的发展和应用。

4.3.3 人才整体现状

广东省虚拟现实人才的整体现状表现为以下几个方面：

（1）整体人才初具规模，主要集聚在珠三角地区

广东省目前已经有相当规模的虚拟现实人才分布在广州、深圳、珠海、佛山、汕头等多个城市。其中，广州、深圳与东莞的虚拟现实人才聚集最多，数量超过全省虚拟现实人才总数的一半。

（2）人才结构向多元化发展

广东省虚拟现实人才结构不断优化，从最初以技术人才为主，逐渐发展成为技术人才、设计人才、应用人才等多元化的人才结构，有助于虚拟现实技术的全面应用和产业发展。

（3）人才培养和引进成效明显

广东省虚拟现实人才的培养和引进成效明显，多所高校和职业技术学院设立了虚拟现实相关专业，聘请国内外知名专家开展授课和指导，不断提高虚拟现实人才的素质和技能。同时，广东省还积极引进海外高层次虚拟现实人才，促进虚拟现实人才的国际化发展。

（4）人才需求仍然旺盛

随着广东省虚拟现实技术的广泛应用和产业的不断发展，虚拟现实人才的需求仍然非常旺盛。特别是在虚拟现实游戏、虚拟现实影视、虚拟现实医疗等领域，人才需求更为迫切。

因此，广东省需要不断加强虚拟现实人才的培养和引进，为虚拟现实技术的创新和应用提供强有力的人才支撑。

第 5 章

政策环境与标准

虚拟现实技术的应用已不再是科幻电影中的幻想，而逐渐成为现实。虚拟现实作为新兴产业，正以惊人的速度发展，吸引了越来越多的关注和投资。政策和标准的发布是推动虚拟现实产业健康快速发展的重要保障和基础。本章将介绍国内外虚拟现实产业政策和标准的发布情况，分析其对虚拟现实产业发展的影响和作用，为读者提供全面参考。

5.1 国外政策和标准化情况

国外专门针对虚拟现实技术发展的政策可追溯到 2016 年，而近三年主要针对元宇宙提出相关政策布局。从 2021 年至 2023 年发布的政策以及发生的重大政治事件来看，目前欧洲、美国、日本、韩国等地对元宇宙持不同态度。欧洲各国政府倾向于谨慎监管，美国保持相对冷静的态度，日本、韩国对元宇宙的态度则明显偏向积极进取，详情请见表 5-1。

表 5-1 国外政府对于元宇宙的相关政策布局

国家/地区	时间	政策要点及重大事件
欧洲	2021 年 4 月	欧盟委员会通过《人工智能法》提案，旨在建立关于人工智能技术的统一规则
	2022 年 4 月	欧盟成员国与欧洲议会就《数字服务法案》达成政治协议，重点规制网络平台的非法内容、数据安全、用户隐私等问题
	2022 年 6 月	欧洲议会和欧盟理事会就《加密资产市场法规》草案达成临时协议，初步明确加密货币发行及运营等方面的监管
	2022 年 7 月	欧洲理事会批准《数字市场法案》，重点规制大型网络平台恶性竞争行为
	2023 年 6 月	欧洲议会下辖公民权利和宪法事务政策部发布元宇宙相关报告指出，元宇宙在商业、工业和军事领域的应用，虽然为日常生活、健康、工作和安全带来了诸多便利和保障，但也带来了许多挑战，因此有必要采取立法措施，促进元宇宙发挥积极作用
美国	2021 年 10 月	两位分别来自民主党和共和党的参议员共同提出《政府对人工智能数据的所有权和监督法案》，要求对联邦人工智能系统所涉及的数据，特别是面部识别数据进行监管，并要求联邦政府建立人工智能工作组，以确保政府承包商能够负责任地使用人工智能技术所收集的生物识别数据
	2022 年 3 月	美国总统拜登签署一项名为"确保负责任地开发数字资产"的行政命令，要求财政部、国防部、商务部、劳工部、能源部、国土安全部等部门，在总统国家安全事务助理和总统经济政策助理的协调下通力合作，就数字资产的安全性、转移和支付系统的构建、中央银行数字货币等方面存在的问题，以及未来发展的可能性展开研究，并向总统报告
	2022 年 6 月	两位分别来自民主党和共和党的参议员共同提出《负责任的金融创新法案》，明确对数字资产的监管总框架
	2022 年 9 月	美国白宫发布首个负责任开发数字资产综合框架（Comprehensive Framework for Responsible Development of Digital Assets），包括保护消费者和投资者、促进金融稳定、打击非法金融犯罪、加强美国全球金融系统领导地位和经济竞争力、推进普惠金融、推进负责任的创新、探索美国央行数字货币等七个方面，旨在保护美国数字资产消费者、投资者和企业，维护金融稳定、国家安全和良好的金融环境

续表

国家/地区	时间	政策要点及重大事件
日本	2021年7月	日本经济产业省发布《关于虚拟空间行业未来可能性与课题的调查报告》，指出政府应着重防范和解决"虚拟空间"的法律问题，并对跨国、跨平台业务法律适用条款加以完善；政府应与业内人士制定行业标准和指导方针，并向全球输出此类规范
	2021年12月	元宇宙业界团体"一般社团法人日本元宇宙协会"正式成立
	2022年4月	日本成立面向应用推进研究和规则完善的"元宇宙推进协议会"
韩国	2020年末	韩国科技部发布《沉浸式经济发展策略》，提出到2025年，韩国沉浸式经济产业规模要达到30万亿韩元，并将韩国打造为全球五大扩展现实先导国家之一
	2021年5月	韩国信息通讯产业振兴院联合韩国电子通信研究院、韩国移动产业联合会等25个机构和LG、韩国广播公司（KBS）等企业成立"元宇宙联盟"
	2021年7月	韩国政府发布"数字新政2.0"，将元宇宙与大数据、人工智能、区块链等并列为发展5G产业的重点项目。韩国数字新政推出数字内容产业培育支援计划，投资2024亿韩元（约合人民币11亿元），其中扩展现实内容开发、数字内容开发和扩展现实产业基础共支援760亿韩元
	2021年11月	首尔市政府发布《元宇宙首尔五年计划》，提出分三个阶段打造首尔的元宇宙生态系统，分别是引起（2022年）、扩张（2023—2024年）和完成（2025—2026年）
	2023年2月	韩国科学部表示，政府将投入2233亿韩元（约合人民币12亿元）扶持元宇宙产业

数据来源：广东省虚拟现实产业技术创新联盟根据网络资料整理。

在国际标准分类中，虚拟现实涉及信息技术应用、信息技术综合、服务、术语学（原则和协调配合）、音频、视频和视听工程、软件开发和系统文件、信息技术用语言和计算机图形技术等。广东省虚拟现实产业技术创新联盟对部分现行虚拟现实国际标准进行了整理。详情如表5-2所示。

表5-2 虚拟现实国际标准制定情况

标准名称	标准号	发布日期	状态
Information technology—Computer graphics, image processing and environmental data representation—Material property and parameter representation for model-based haptic simulation of objects in virtual, mixed and augmented reality（VR/MAR） 信息技术—计算机图形、图像处理和环境数据表示—虚拟、混合和增强现实中基于模型的物体触觉仿真的材料属性和参数表示	ISO/IEC TS 23884:2021	2021-12-01	现行

续表

标准名称	标准号	发布日期	状态
Performance evaluation protocol for digital fitting systems—Part1：Accuracy of virtual human body representation 数字配件系统的性能评价协议—第1部分：虚拟人体表示的准确性 Part2：Virtual garment 数字配件系统的性能评价协议—第2部分：虚拟服装	ISO 20947－1:2021； ISO 20947－2:2020	2021－07－12； 2020－12－21	现行
Information technology for learning, education and training—Catalogue model for virtual, augmented and mixed reality content 学习、教育和培训用信息技术—虚拟、增强和混合现实内容的目录模型	ISO/IEC TR 23843:2020	2020－10－19	现行
Information technology for learning, education and training—Human factor guide lines for virtual reality content—Part1：Considerations when using VR content 用于学习、教育和培训的信息技术—虚拟现实内容的人因指南—第1部分：使用虚拟现实内容时的注意事项 Part2：Considerations when making VR content 用于学习、教育和培训的信息技术—虚拟现实内容的人因指南—第2部分：制作虚拟现实内容时的注意事项	ISO/IEC TR 23842－1:2020； ISO/IEC TR 23842－2:2020	2020－10－06	现行
Automation systems and integration—Equipment behaviour catalogues for virtual production system—Part1：Overview 自动化系统和集成—虚拟生产系统的设备行为目录—第1部分：概述	ISO 16400－1:2020	2020－09－21	现行
Information technology – Computer graphics, image processing and environmental representation – Sensor representation in mixed and augmented reality 信息技术—计算机制图、图像处理和环境表示—混合和增强现实中的传感器表示	ISO/IEC 18038:2020	2020－04－07	现行
Technical product documentation—Requirements for digital mock－up virtual assembly test for mechanical products 技术产品文件—机械产品的数字模拟虚拟装配试验的要求	ISO 21143:2020	2020－02－19	现行

续表

标准名称	标准号	发布日期	状态
Information technology—Computer graphics, image processing and environmental data representation—Live actor and entity representation in mixed and augmented reality（MAR） 信息技术—计算机图形学、图像处理和环境数据表示—混合和增强现实中的实时行为者和实体表示	ISO/IEC 18040:2019	2019-05-29	现行
Information technology—Computer graphics, image processing and environmental data representation—Mixed and augmented reality（MAR）reference model 信息技术—计算机制图、图像处理和环境数据表示—混合和增强现实参考模型	ISO/IEC 18039:2019	2019-02-27	现行
Information technology—Media context and control—Part4：Virtual world object characteristics 信息技术—媒体环境和控制—第4部分：虚拟世界对象特性	ISO/IEC 23005-4:2018	2018-09-25	现行
Information technology—Computer graphics, image processing and environmental data representation—Benchmarking of vision-based spatial registration and tracking methods for mixed and augmented reality（MAR） 信息技术—计算机制图、图像处理和环境数据表示—混合和增强现实用基于视觉的空间登记和跟踪方法的基准	ISO/IEC 18520:2019	2019-01-30	现行
Information technology - Multimedia application format（MPEG-A）—Part13：Augmented reality application format 信息技术—多媒体应用格式—第13部分：增强现实应用程序格式	ISO/IEC 23000-13:2017	2017-11-28	现行
information technology—Open Terminal Architecture（OTA）—Virtual machine 信息技术—开放式终端架构—虚拟机	ISO/IEC 20060:2010	2010-06-22	现行
Information technology—Computer graphics and image processing—The Virtual Reality Modeling Language—Part1：Functional specification and UTF-8 encoding 信息技术—计算机制图和图像处理—虚拟现实建模语言—第1部分：功能规范和UTF-8编码	ISO/IEC 14772-1:1997	1997-12-15	现行

5.2 国家指导政策与分析

近些年来，党中央、国务院高度重视和大力支持虚拟现实产业发展，持续发布相关政策、推动产业发展。据广东省虚拟现实产业技术创新联盟统计，2020年1月至2023年9月，国家层面就虚拟现实产业已发布63条直接或间接相关政策，详见附录6.1.1。涉及虚拟现实的政策内容主要针对虚拟现实的技术布局和创新应用，指引虚拟现实在适老化产品、职业教育、特殊教育、广播电视行业、智能制造业、数字文化产业、基础电子元器件产业、网络直播、外贸、旅游业、生活消费等各行业各领域有机融合应用、发展；少数为引导产业标准化和规范化管理。

2020年，教育部印发《关于公布2019年度普通高等学校本科专业备案和审批结果的通知》，其中"虚拟现实技术"本科专业划入工学门类，纳入《普通高等学校本科专业目录（2020年版）》，河北东方学院、吉林动画学院、江西理工大学、江西科技师范大学等学校成为首批设立该专业的本科院校。这是虚拟现实纳入我国本科专业的第一年，对于培养虚拟现实人才起着至关重要的作用。2021年，《中华人民共和国国民经济和社会发展第十四个五年规划和2035年远景目标纲要》将"虚拟现实和增强现实"列入数字经济重点产业，明确了产业发展的战略意义。2022年，工业和信息化部、教育部、文化和旅游部、国家广播电视总局、国家体育总局等五部门联合发布《虚拟现实与行业应用融合发展行动计划（2022—2026年）》（工信部联电子〔2022〕148号，以下简称《行动计划》），《行动计划》覆盖了底层关键技术到具体应用领域，对虚拟现实产业作了全方位的五年发展规划，为全面深化推进虚拟现实与行业应用融合发展，构建完善虚拟现实产业创新发展生态，提供前瞻指引和量化支持。2023年，工业和信息化部、财政部联合印发《电子信息制造业2023—2024年稳增长行动方案》，强调落实《行动计划》，紧抓战略窗口期，推动虚拟现实产业走深走实。

《行动计划》对虚拟现实产业发展提出了宏观目标和具体任务，充分肯定了其未来五年的成长性和机遇性。宏观方面提出了到2026年的发展目标，重点强调三维化、虚实融合沉浸影音关键技术重点突破，新一代适人化虚拟现实终端产品不断丰富，产业生态进一步完善，虚拟现实在经济社会重要行业领域实现规模化应用，形成若干具有较强国际竞争力的骨干企业和产业集群，打造技术、产品、服务和应用共同繁荣的产业发展格局。具体任务则从创新能力、产业生态和融合应用等三方面，用一系列数字加以说明，更加具象化诠释了宏观目标的实施路径和落地举措。

5.3 广东省及其他重点省市政策分析

5.3.1 广东省政策分析

广东省作为虚拟现实产业重点企业的重要发展集聚区，积极探索制定各项创新政策，重点支持和引领虚拟现实生态发展，将虚拟现实技术纳入战略性新兴产业体系，推出了强化技术攻关、技术创新应用等一系列举措进行系统支持，促进技术与行业应用融合发展，形成省-市多层次政策体系。

据广东省虚拟现实产业技术创新联盟统计，2020年1月至2023年9月，广东省及广州、深圳、佛山、东莞等省辖地级市共计出台53条虚拟现实产业相关政策，详见附表2。其中，广东省政府发布的《广东省人民政府关于培育发展战略性支柱产业集群和战略性新兴产业集群的意见》《广东省国民经济和社会发展第十四个五年规划和2035年远景目标纲要》《广东省人民政府关于加快数字化发展的意见》《广东省制造业数字化转型实施方案及若干政策措施》等14个政策文件涉及了虚拟现实相关内容。广州、深圳、佛山、东莞、肇庆、潮州等市积极响应广东省战略发展需求，发布《广州市推进新型基础设施建设实施方案（2020—2022年）》《深圳市数字经济产业创新发展实施方案（2021—2023年）》《佛山市国民经济和社会发展第十四个五年规划和2035年远景目标纲要》《东莞市生命科学和生物技术产业发展规划（2021—2035年）》《肇庆市国民经济和社会发展第十四个五年规划和2035年远景目标纲要》《潮州市科技创新"十四五"规划》等，提出在工业设计、教育健康、文化消费、交通出行、医疗、物流、文化旅游、科普等领域，推动虚拟现实技术深度应用。

广东省早期已积极布局虚拟现实产业的技术发展方向，大力支持针对具体应用场景的技术研发，出台了2019年广东省重点领域研发计划"虚拟现实"重点专项。本专项以国家战略和广东省产业发展需求为牵引，围绕虚拟现实产业发展亟待突破的关键领域和薄弱环节，共设置七大专题。广州市大湾区虚拟现实研究院、广州幻境科技有限公司、广州欧科信息技术股份有限公司等单位牵头承担有关专题项目，详见表5-3。各重点专项推进受疫情影响，陆续于2023年完成结题验收，将为广东省虚拟现实产业输出一批标志性成果。

表 5-3 2019 年广东省重点领域研发计划"虚拟现实"重点专项进度情况

序号	项目名称	扶持经费/元	牵头单位	进度
1	高真实感虚拟化身智能交互技术与应用研究	1 000 万	广州市大湾区虚拟现实研究院	2023 年 8 月召开项目验收会
2	大范围场景空间定位与自然人机交互关键技术研发及产业化应用	1 000 万	广州幻境科技有限公司	2020 年 1 月召开项目启动会
3	面向激光装备智能制造过程的虚实融合技术研究与应用	1 000 万	大族激光智能装备集团有限公司	2023 年 3 月召开项目验收会
4	面向粤港澳大湾区历史文化遗产保护传承与传播的虚拟现实技术研究与应用	1 000 万	广州欧科信息技术股份有限公司	2022 年 10 月召开项目验收会
5	虚拟现实视觉健康的关键评价技术及标准	1 000 万	中山大学中山眼科中心	2019 年 11 月召开项目启动会
6	面向汽车装备智能制造关键过程的虚实融合技术研究与应用	1 000 万	广州明珞装备股份有限公司	2023 年 4 月召开项目验收会
7	虚拟现实核心引擎关键技术	1 000 万	珠海金山数字网络科技有限公司	—

数据来源：根据广东省虚拟现实产业技术创新联盟网络资料整理

近年来，广东省以产业政策拉动虚拟现实科技创新需求，将虚拟现实技术纳入数字创意产业集群，强调支持利用大数据、物联网、人工智能、虚拟现实等新一代信息技术，强化虚拟现实技术在制造业等传统行业的融合发展，催生新业态、新模式。2020 年 5 月出台《广东省人民政府关于培育发展战略性支柱产业集群和战略性新兴产业集群的意见》，谋划高起点、稳中求进培育发展十大战略性支柱产业集群和十大战略性新兴产业集群，针对数字创意产业集群，提出以数字技术为核心驱动力，大力推进虚拟现实/增强现实等新技术的深度应用，打造全球数字创意产业高地。2020 年 9 月，广东省工业和信息化厅、中共广东省委宣传部、广东省文化和旅游厅等五部门联合印发《广东省培育数字创意战略性新兴产业集群行动计划（2021—2025 年）》，进一步深化虚拟现实等数字技术在游戏、视频、会展、旅游等领域的应用。2021 年 4 月，广东省人民政府发布《广东省人民政府关于加快数字化发展的意见》，提出强化虚拟现实、增强现实、混合现实、全息成像、裸眼三维等数字创意应用技术创新发展。2021 年 7 月，广东省工业和信息化厅发布《广东省制造业数字化转型实施方案及若干政策措施》，加强超高清视频与 5G、云计算、人工智能、虚拟现实等新一代信息技术融合应用，探索互动式视频、沉浸式视频、虚拟现实视频、云服务等新业态，拓展新体验、新场景。

5.3.2 粤港澳大湾区政策分析

粤港澳大湾区的战略定位是建设具有全球影响力的国际科技创新中心。据广东省虚拟现实产业技术创新联盟统计，2020年1月至2023年9月，各有关部门出台了55条虚拟现实产业相关政策，详见附录6.1.2。现以每个政策涉及虚拟现实的文本内容，分别对香港、澳门两个特别行政区和广州、深圳、佛山、东莞、肇庆等几个珠三角城市的不同政策要点进行简要分析。

为全面推进内地与香港、澳门气象协同发展、互利合作，支持香港、澳门融入国家气象事业发展大局，2020年4月，中国气象局发布《粤港澳大湾区气象发展规划（2020—2035年）》，重点提及利用人工智能、虚拟现实等技术，构建包含智能学习、交互式学习的新型科普宣教体系，针对不同社会群体，提供气象防灾减灾救灾科普宣传培训的精准服务，强化大湾区的应对气候变化和极端天气能力。

香港布局虚拟资产赛道，力争抓住元宇宙发展机遇。2022年10月，香港财政司发表有关虚拟资产在港发展的政策宣言，阐明了香港特区政府对虚拟资产的积极立场和强化监管的态度，传递出吸引元宇宙产业人才来港、稳固香港国际金融中心地位的愿景。

2022年11月，横琴粤澳深度合作区财政局、税务局、经济发展局联合发布支持元宇宙产业发展十方面税收措施，以十个方面二十三条税收政策和服务举措，给予人工智能、区块链、扩展现实等与元宇宙有关的企业从落地起步到成长发展的全周期支持。

广州市黄埔区、广州开发区抢占先机，推出粤港澳大湾区首个元宇宙专项扶持政策——《广州市黄埔区广州开发区促进元宇宙创新发展办法》，聚焦数字孪生、人机交互、虚拟现实/增强现实/混合现实等多个领域，围绕元宇宙关键技术实行"揭榜挂帅"，对成功攻克的项目给予最高1 000万元补助。此外，广州市政府近年来陆续出台《广州市推进新型基础设施建设实施方案（2020—2022年）》《广州市促进文化和旅游产业高质量发展若干措施》《广州市服务业发展"十四五"规划》《广州市战略性新兴产业发展"十四五"规划》《广州市进一步促进软件和信息技术服务业高质量发展若干措施》等政策，重点强调虚拟现实新兴技术支撑能力、推动模式创新的价值，深化虚拟现实在文化和旅游、医疗、娱乐消费、展览展会、消防科普等各行业各领域的创新应用，以及可穿戴式、沉浸式等智能产品的集成应用和推广。

深圳市侧重培育发展数字经济、超高清视频显示、智能终端、数字创意、现代时尚等产业集群，陆续出台《深圳市数字经济产业创新发展实施方案（2021—2023年）》《深圳市培育发展超高清视频显示产业集群行动计划（2022—2025年）》《深圳市培育发展智能终端产业集群行动计划（2022—2025年）》《深圳市培育数字创意产业集群行动计划

（2022—2025年）》《深圳市培育发展现代时尚产业集群行动计划（2022—2025年）》等，借助虚拟现实等智能交互技术和智能终端产品，积极拓展场景应用，助力各行各业迭代升级。

佛山市、东莞市和肇庆市均在各自发布的"十四五"规划中，重点提及虚拟现实技术的创新应用。此外，佛山市发布《佛山市服务业发展五年规划（2021—2025年）》，依托佛山创意产业园，发展文化创意、数字经济应用相关产业，运用虚拟现实/增强现实等新一代信息技术，强化数字创意与传统优势产业的跨界融合，探索创新设计的内容与模式。东莞市发布《东莞市生命科学和生物技术产业发展规划（2021—2035年）》，引进全球顶尖虚拟现实企业，布局虚拟现实康复训练设备，《东莞开放型经济发展"十四五"规划》则强调运用虚拟现实等新技术拓宽数字化营销渠道。

5.3.3 其他重点省市政策分析

近年来，全国大部分省市出台了大量相关政策，以加强虚拟现实技术的应用，加速虚拟现实产业与千行百业融合，尤其是北京、上海、山东、江西、河南、重庆等重点关注虚拟现实产业发展的省市。

据广东省虚拟现实产业技术创新联盟不完全统计，以北京、上海、山东、江西、河南、重庆为样本，2022年共计出台51条涉及虚拟现实有关内容的政策，主要集中在"十四五"规划、行动计划、行动方案、实施意见等政策文件，重点提出在养老服务、数字经济、中医药、气象、电子商务、教育事业等各行业领域中，积极推进技术应用创新、模式业态创新，支持虚拟现实技术的深度融合应用和智能产品推广，如表5-4所示。

表5-4 其他重点省市关于虚拟现实产业的相关政策

省市	时间	发布单位	文件名称
北京市	2022年2月	北京市发展和改革委员会	《深入打造新时代首都城市复兴新地标 加快推动京西地区转型发展行动计划（2022—2025年）》
	2022年8月	北京市通州区人民政府等四部门	《北京城市副中心元宇宙创新发展行动计划（2022—2024年）》
	2022年12月	北京市政务服务管理局	《关于2022年第三季度全市政府网站与政府系统政务新媒体检查情况的通报》
	2022年12月	北京市发展和改革委员会	《关于推动"五子"联动对部分领域设备购置与更新改造贷款贴息的实施方案（试行）》

续表

省市	时间	发布单位	文件名称
上海市	2022年2月	上海市经济和信息化委员会等十部门	《上海建设世界一流"设计之都"的若干意见》
	2022年3月	上海市卫生健康委员会	《上海市传染病临床诊治网络体系建设工作方案》
	2022年6月	上海市人民政府办公厅	《上海市培育"元宇宙"新赛道行动方案（2022—2025年)》
	2022年6月	上海市人民政府办公厅	《上海市促进智能终端产业高质量发展行动方案（2022—2025年)》
	2022年7月	上海市人民政府办公厅	《上海市数字经济发展"十四五"规划》
	2022年9月	上海市人民政府	《关于加快本市康复辅助器具产业发展的实施意见》
山东省	2022年1月	山东省人民政府	《山东半岛城市群发展规划》
	2022年3月	中共山东省委、山东省人民政府	《海洋强省建设行动计划》
	2022年3月	山东省工业和信息化厅等七个部门	《山东省推动虚拟现实产业高质量发展三年行动计划（2022—2024年)》
	2022年3月	山东省工业和信息化厅	《山东省2022年数字经济"重点突破"行动方案》
	2022年4月	山东省人民政府办公厅	《"十强产业"2022年行动计划 新一代信息技术产业2022年行动计划》
	2022年5月	山东省人力资源和社会保障厅	《全省人力资源和社会保障工作创新2022年行动计划》
	2022年5月	山东省人民政府	《2022年"稳中求进"高质量发展政策清单（第三批)》
	2022年8月	山东省人民政府	《山东省南四湖生态保护和高质量发展规划》
河南省	2022年1月	河南省人民政府	《河南省"十四五"文化旅游融合发展规划》
	2022年1月	河南省人民政府办公厅	《河南省加快新兴产业重点培育行动方案》
	2022年1月	河南省人民政府	《河南省"十四五"教育事业发展规划》
	2022年1月	河南省人民政府	《河南省"十四五"公共卫生体系和全民健康规划》
	2022年1月	河南省人民政府	《河南省"十四五"养老服务体系和康养产业发展规划》

续表

省市	时间	发布单位	文件名称
河南省	2022年1月	河南省人民政府办公厅	《河南省"十四五"气象事业发展规划》
	2022年1月	河南省人民政府办公厅	《河南省四水同治规划（2021—2035年)》
	2022年1月	河南省人民政府	《河南省"十四五"战略性新兴产业和未来产业发展规划》
	2022年2月	河南省人民政府	《河南省"十四五"数字经济和信息化发展规划》
	2022年2月	河南省人民政府	《河南省"十四五"科技创新和一流创新生态建设规划》
	2022年9月	河南省人民政府办公厅	《设计河南建设中长期规划（2022—2035年)》
	2022年9月	河南省人民政府办公厅	《设计河南建设行动方案（2022—2025年)》
	2022年9月	河南省人民政府办公厅	《河南省大数据产业发展行动计划（2022—2025年)》
	2022年9月	河南省人民政府办公厅	《河南省元宇宙产业发展行动计划（2022—2025年)》
江西省	2022年1月	江西省人民政府办公厅	《江西省"十四五"养老服务体系建设规划》
	2022年1月	江西省人民政府办公厅	《关于促进养老托育服务健康发展的实施意见》
	2022年4月	江西省文化和旅游厅	《关于推动数字文旅产业高质量发展的实施方案》
	2022年4月	江西省教育厅	《关于举办第四届高校虚拟现实课件制作与应用大赛的通知》
	2022年5月	江西省教育厅	《普通高等学校本科专业结构优化调整指导办法（试行)》
	2022年5月	江西省人民政府	《江西省"十四五"数字经济发展规划》
	2022年5月	江西省人民政府	《江西省数字政府建设三年行动计划（2022—2024年)》
	2022年6月	江西省人民政府	《关于贯彻落实国家标准化发展纲要的实施意见》
	2022年7月	江西省人民政府	《江西省打造全国新兴产业培育发展高地实施方案（2022—2025年)》

续表

省市	时间	发布单位	文件名称
江西省	2022年7月	江西省人民政府办公厅	《江西省"十四五"中医药发展规划》
	2022年8月	中共江西省委、江西省人民政府	《关于加强知识产权强省建设的行动方案（2022—2035年）》
	2022年10月	江西省人民政府办公厅	《关于进一步释放消费潜力促进消费持续恢复的实施意见》
	2022年11月	江西省人力资源和社会保障厅	《关于举办基于虚拟现实技术的内容创作方法高级研修班的通知》
	2022年11月	江西省人民政府	《江西省气象高质量发展纲要（2023—2035年）》
	2022年11月	江西省科学技术厅	《关于发布2022年省市联合"揭榜挂帅"虚拟现实应用技术攻关项目榜单的通知》
	2022年12月	江西省人民政府	《关于加快推进新时代计量工作高质量发展的实施意见》
重庆市	2022年1月	重庆市商务委员会	《重庆市"十四五"电子商务发展规划》
	2022年2月	重庆市人民政府	《重庆市民政事业发展"十四五"规划（2021—2025年）》
	2022年2月	重庆市人民政府	《重庆市养老服务体系建设"十四五"规划（2021—2025年）》

2022年3月，山东省出台了《山东省推动虚拟现实产业高质量发展三年行动计划（2022—2024年）》，主要分发展现状、总体要求、产业布局、重点任务和保障措施等五部分，提出支持各地依托现有产业基础、区分功能定位，实行差异化、特色化、协同化发展，基本形成以青岛为中心，济南、潍坊、烟台、威海四市联动，其他市协同的"1+4+N"虚拟现实产业区域布局。

北京市、上海市、河南省等地纷纷推出元宇宙发展专项支持政策，以发展元宇宙为牵引，带动虚拟现实技术的融合应用。2022年6月，上海市人民政府办公厅印发《上海市培育"元宇宙"新赛道行动方案（2022—2025年）》，强调在网络文娱、智能制造、数字内容、交通出行、在线教育、医疗健康等领域，打造具有影响力的元宇宙标杆示范应用。2022年8月，北京市通州区人民政府、北京市科学技术委员会、中关村科技园区管理委员会和北京市经济和信息化局联合发布《北京城市副中心元宇宙创新发展行动计划（2022—2024年）》，聚焦培育数字设计、数字人、混合现实、数字艺术等元宇宙细分产业链。2022年9月，河南省人民政府办公厅印发《河南省元宇宙产业发展行动计划（2022—2025年）》，重点强调突破共性关键技术，对扩展现实（增强现实/虚拟现实/混合现实）、数字资产、数字孪生、脑机接口、三维建模等关键技术进行协同攻关，推动创新成果转化。

纵观以上六个重点省市虚拟现实产业的政策发布情况，广东省与之相比，在虚拟现实产业发展的政策力度上略显不足，缺乏针对虚拟现实产业发展的省级层面专项引导和政策支持。与虚拟现实企业数量领跑和应用场景丰富的发展现状不匹配。

5.4 虚拟现实标准化建设情况

在过去十年中，我国虚拟现实产业链各个环节同步发展，标准化工作也在持续进行。

虚拟现实标准体系按产业链环节，可划分为基础通用、内容生产、内容分发、内容呈现与交互、行业应用等五大部分，以及贯穿整合产业链环节的安全测试和质量评价两大部分。根据相关平台公布的数据，广东省虚拟现实产业技术创新联盟做出的不完全统计，迄今为止，虚拟现实领域在全国标准信息公共服务平台上传归口的国家标准有19项，行业标准有7项，地方标准有10项，发布区域主要集中在南方地区；在全国团体标准信息平台及联盟协会官网上发布的团体标准有45项，主要集中在北京市、广东省、上海市、重庆市、山东省等地；在企业标准信息公共服务平台上进行自我声明公开的企业标准约83项，其中广东省约30项、山东省19项、浙江省14项。

从标准化的推进过程中不难发现，近五年国际主要标准有《虚拟/混合/增强现实中基于图像渲染的对象/环境表示》《混合现实/增强现实中的传感器表示》等，国内主要标准有《信息技术　增强现实　术语》《信息技术　手势交互系统　第1部分：通用技术要求》等，大多数标准仍倾向于应用层与终端显示层，内容层的相关标准存在缺失或空白的情况。虚拟现实领域相关标准详见附录2。

第 6 章
附　录

附录1 国内虚拟现实产业相关政策汇编

附表1 国家指导性虚拟现实相关政策

发布时间	发布单位	文件名称	政策要点
2020年1月	工业和信息化部、民政部、国家卫生健康委员会等	《关于促进老年用品产业发展的指导意见》	针对老年人功能障碍康复和健康管理需求,加快人工智能、脑科学、虚拟现实、可穿戴等新技术在康复训练及健康促进辅具中的集成应用
2020年1月	农业农村部、中央网络安全和信息化委员会办公室	《数字农业农村发展规划（2019—2025年）》	建立长期任务委托和阶段性任务动态调整相结合的科技创新支持机制,加强农产品柔性加工、人工智能、虚拟现实、大数据认知分析等新技术基础研发和前沿布局,形成一系列数字农业战略技术储备和产品储备
2020年2月	工业和信息化部办公厅	《关于运用新一代信息技术支撑服务疫情防控和复工复产工作的通知》	推动制造企业与信息技术企业合作,深化工业互联网、工业软件（工业应用程序）、人工智能、增强现实/虚拟现实等新技术应用,推广协同研发、无人生产、远程运营、在线服务等新模式新业态,加快恢复制造业产能
2020年2月	工业和信息化部	《关于有序推动工业通信业企业复工复产的指导意见》	支持新业态新模式,丰富5G+、超高清视频、增强现实/虚拟现实等应用场景,推动发展远程医疗、在线教育、数字科普、在线办公、协同作业、服务机器人等,带动智能终端消费
2020年2月	教育部	《关于公布2019年度普通高等学校本科专业备案和审批结果的通知》	"虚拟现实技术"专业划入工学门类,纳入《普通高等学校本科专业目录（2020年版）》

续表

发布时间	发布单位	文件名称	政策要点
2020年2月	人力资源社会保障部办公厅、国家市场监督管理总局办公厅、国家统计局办公室	《关于发布智能制造工程技术人员等职业信息的通知》	虚拟现实工程技术人员定义：使用虚拟现实引擎及相关工具，进行虚拟现实产品的策划、设计、编码、测试、维护和服务的工程技术人员。 主要工作任务：1. 虚拟现实软件产品策划、场景设计、界面设计、模型制作、程序开发、系统测试；2. 设计、开发、集成、测试虚拟现实硬件系统；3. 研究、应用虚拟现实体系架构、技术和标准；4. 管理、监控、维护并保障虚拟现实产品的稳定和安全运行；5. 提供虚拟现实技术相关的技术咨询、技术培训和技术支持服务
2020年3月	工业和信息化部办公厅	《中小企业数字化赋能专项行动方案》	搭建技术水平高、集成能力强、行业应用广的数字化平台，应用物联网、大数据、边缘计算、5G、人工智能、增强现实/虚拟现实等新兴技术，集成工程设计、电子设计、建模、仿真、产品生命周期管理、制造运营管理、自动化控制等通用操作系统、软件和工具包，灵活部署通用性强、安全可靠、易二次开发的工业应用程序，促进中小企业生产要素数字化、生产过程柔性化及系统服务集成化
2020年3月	教育部	《关于加强"三个课堂"应用的指导意见》	综合利用人工智能、云计算、大数据、虚拟现实等技术，不断增强"三个课堂"的智能化、共享性、互动性
2020年3月	国家广播电视总局	《关于统筹疫情防控和推动广播电视行业平稳发展有关政策措施的通知》	加快发展超高清视频、虚拟现实、可穿戴设备等新型信息产品，推动居民家庭文化消费升级
2020年3月	国家发展和改革委员会、中央宣传部、教育部等	《关于促进消费扩容提质加快形成强大国内市场的实施意见》	加快发展超高清视频、虚拟现实、可穿戴设备等新型信息产品
2020年3月	工业和信息化部办公厅	《关于推动工业互联网加快发展的通知》	提升工业互联网平台核心能力：引导平台增强5G、人工智能、区块链、增强现实/虚拟现实等新技术支撑能力，强化设计、生产、运维、管理等全流程数字化功能集成

续表

发布时间	发布单位	文件名称	政策要点
2020年3月	工业和信息化部	《关于推动5G加快发展的通知》	推广5G+虚拟现实/增强现实、赛事直播、游戏娱乐、虚拟购物等应用，促进新型信息消费。鼓励基础电信企业、广电传媒企业和内容提供商等加强协作，丰富教育、传媒、娱乐等领域的4K/8K、虚拟现实/增强现实等新型多媒体内容源
2020年4月	商务部、工业和信息化部、生态环境部等	《关于进一步做好供应链创新与应用试点工作的通知》	试点企业要主动适应新冠肺炎疫情带来的生产、流通、消费模式变化，加快物联网、大数据、边缘计算、区块链、5G、人工智能、增强现实/虚拟现实等新兴技术在供应链领域的集成应用，加强数据标准统一和资源线上对接，推广应用在线采购、车货匹配、云仓储等新业态、新模式、新场景，促进企业数字化转型，实现供应链即时、可视、可感知，提高供应链整体应变能力和协同能力。鼓励有条件的企业搭建技术水平高、集成能力强、行业应用广的数字化平台，开放共享供应链智能化技术与应用、积极推广云制造、云服务平台，赋能中小企业
2020年4月	气象局	《粤港澳大湾区气象发展规划（2020—2035年）》	加强防灾减灾救灾科普宣教：推进气象科普宣传产品创新研发和供给侧改革，发挥新媒体作用，利用人工智能、虚拟现实等技术构建包含智能学习、交互式学习的新型科普宣教体系，针对不同社会群体提供气象防灾减灾救灾科普宣传培训的精准服务，强化大湾区的气候变化和极端天气应对能力
2020年7月	工业和信息化部、国家发展和改革委员会、教育部等	《关于进一步促进服务型制造发展的指导意见》	综合利用5G、物联网、大数据、云计算、人工智能、虚拟现实、工业互联网等新一代信息技术，建立数字化设计与虚拟仿真系统，发展个性化设计、用户参与设计、交互设计，推动零件标准化、配件精细化、部件模块化和产品个性化重组，推进生产制造系统的智能化、柔性化改造，增强定制设计和柔性制造能力，发展大批量个性化定制服务

续表

发布时间	发布单位	文件名称	政策要点
2020年7月	国家标准化管理委员会、中央网络安全和信息化委员会办公室、国家发展和改革委员会等	《国家新一代人工智能标准体系建设指南》	关键领域技术标准主要围绕自然语言处理、智能语音、计算机视觉、生物特征识别、虚拟现实/增强现实、人机交互等方面，为人工智能应用提供领域技术支撑。虚拟现实/增强现实标准：为用户提供视觉、触觉、听觉等多感官信息一致性体验的通用技术要求。虚拟现实/增强现实标准建设重点：重点开展内容制作、三维环境理解、三维交互理解等标准研制
2020年9月	教育部	《国家开放大学综合改革方案》	依靠5G、人工智能、虚拟现实、区块链、大数据、云计算等新技术，加快建设服务全民终身学习的在线教育平台，构建纵向贯通、横向融通的学习网络，支撑信息技术与教育教学的深度融合，促进开放教育的数字化、智能化、终身化、融合化，提高教育现代化水平
2020年9月	文化和旅游部	《关于深化"放管服"改革促进演出市场繁荣发展的通知》	运用全息成像、人工智能、数字视觉设计、虚拟现实等技术展示虚拟形象进行营业性演出的，应当按照《营业性演出管理条例》等有关规定办理报批手续
2020年9月	教育部	《关于开展"网上重走长征路"暨推动"四史"学习教育的工作方案》	线上充分运用人工智能、虚拟现实等新技术，搭建网络竞答、虚拟体验等新媒体平台，汇聚线下研学、调研成果
2020年9月	工业和信息化部办公厅	《建材工业智能制造数字转型行动计划（2021—2023年）》	建立5个建材行业智能制造创新平台，形成15套系统解决方案，突破50项建材领域智能制造关键共性技术，培育100个建材工业应用程序，形成若干大数据、云计算、物联网、区块链、5G通信、虚拟现实、工业互联网等新一代技术应用场景
2020年9月	国家发展和改革委员会	《关于扩大战略性新兴产业投资培育壮大新增长点增长极的指导意见》	建设一批数字创意产业集群，加强数字内容供给和技术装备研发平台，打造高水平直播和短视频基地、一流电竞中心、高沉浸式产品体验展示中心，提供虚拟现实旅游、增强现实营销、数字文博馆、创意设计、智慧广电、智能体育等多元化消费体验

续表

发布时间	发布单位	文件名称	政策要点
2020年10月	教育部、中央宣传部、中央网络安全和信息化委员会办公室等	《关于做好2020年职业教育活动周相关工作的通知》	各地、各职业院校和行业企业要紧扣活动周主题，凝聚全社会和战线力量，把握时代方位，充分依托各级各类媒体，特别是网络新媒体、社交平台，充分利用短视频、微动漫、网络直播、H5小程序、虚拟现实、增强现实、混合现实等形式，突出宣传职业教育发展成果、典型经验和重要贡献。组织策划网络互动话题，吸引公众参与，深入挖掘、报送、宣传一线的好经验、好做法、好文章，讲好职教故事，唱响职教声音
2020年11月	国务院办公厅	《新能源汽车产业发展规划（2021—2035年）》	应用虚拟现实、大数据、人工智能等技术，建立汽车电动化、网联化、智能化虚拟仿真和测试验证平台，提升整车、关键零部件的计量测试、性能评价与检测认证能力
2020年11月	国家广播电视总局	《关于推动新时代广播电视播出机构做强做优的意见》	积极将人工智能、云计算、大数据、区块链、虚拟现实、物联网等技术成果运用于内容采集、创作、生产、分发、传输、接收、反馈中，提升正面宣传质量和效果
2020年11月	国务院办公厅	《关于推进对外贸易创新发展的实施意见》	利用新技术新渠道开拓国际市场：充分运用第五代移动通信（5G）、虚拟现实、增强现实、大数据等现代信息技术，支持企业利用线上展会、电商平台等渠道开展线上推介、在线洽谈和线上签约等。推进展会模式创新，探索线上线下同步互动、有机融合的办展新模式
2020年11月	国务院办公厅	《关于切实解决老年人运用智能技术困难的实施方案》	探索通过虚拟现实、增强现实等技术，帮助老年人便捷享受在线游览、观赛观展、体感健身等智能化服务
2020年11月	住房和城乡建设部、国家发展和改革委员会、民政部等	《关于推动物业服务企业发展居家社区养老服务的意见》	创新智慧养老产品供给：鼓励物业服务企业参与研发推广智能可穿戴设备、便携式健康监测设备、智能养老监护设备、家庭服务机器人等智能养老服务产品，推进人工智能、虚拟现实、5G等新兴技术在居家社区养老智能产品中的应用

续表

发布时间	发布单位	文件名称	政策要点
2020年11月	文化和旅游部	《关于推动数字文化产业高质量发展的意见》	发挥标准对产业的引导支撑作用，推动虚拟现实、交互娱乐、智慧旅游等领域产品、技术和服务标准研究制定，形成数字文化产业标准体系。引导和支持虚拟现实、增强现实、5G+4K/8K超高清、无人机等技术在文化领域应用，发展全息互动投影、无人机表演、夜间光影秀等产品，推动现有文化内容向沉浸式内容移植转化，丰富虚拟体验内容。支持文化文物单位、景区景点、主题公园、园区街区等运用文化资源开发沉浸式体验项目，开展数字展馆、虚拟景区等服务。推动沉浸式业态与城市公共空间、特色小镇等相结合。开发沉浸式旅游演艺、沉浸式娱乐体验产品，提升旅游演艺、线下娱乐的数字化水平。发展数字艺术展示产业，推动数字艺术在重点领域和场景的应用创新，更好传承中华美学精神
2020年11月	文化和旅游部、国家发展和改革委员会、教育部等	《关于深化"互联网+旅游"推动旅游业高质量发展的意见》	推动5G、大数据、云计算、物联网、人工智能、虚拟现实、增强现实、区块链等信息技术革命成果应用普及，深入推进旅游领域数字化、网络化、智能化转型升级，培育发展新业态新模式，推动旅游业发展质量、效率和动力变革
2020年12月	国家发展和改革委员会、教育部、科技部等	《关于推动公共实训基地共建共享的指导意见》	丰富公共实训基地的培训内容和培训方式。优先在各级公共实训基地举办省级、市级和县级的职业技能大赛。鼓励在公共实训基地开展新产业、新技术、新业态培训，推动虚拟现实、增强现实、人工智能和电子商务的应用。推动云计算、大数据、移动智能终端等信息网络技术在公共职业技能培训中的广泛应用，提高培训便利度和可及性
2021年1月	工业和信息化部	《基础电子元器件产业发展行动计划（2021—2023年）》	引导国内软件企业开发各类电子元器件仿真设计软件，鼓励使用虚拟现实、数字孪生等先进技术开展工业设计，提高企业设计水平。瞄准智能手机、穿戴式设备、无人机、虚拟现实/增强现实设备、环境监测设备等智能终端市场，推动微型片式阻容元件、微型大电流电感器、微型射频滤波器、微型传感器、微特电机、高端锂电等片式化、微型化、轻型化、柔性化、高性能的电子元器件应用

续表

发布时间	发布单位	文件名称	政策要点
2021年1月	民政部、国家发展和改革委员会、教育部等	《支持康复辅助器具产业国家综合创新试点工作政策措施清单》	支持试点地区的高等学校、科研院所开展生物医用材料、仿生学、机器人、虚拟现实、人工智能、康复医学等相关领域的基础研究和科学前沿探索
2021年2月	国家互联网信息办公室、全国"扫黄打非"工作小组办公室、工业和信息化部等	《关于加强网络直播规范管理工作的指导意见》	利用基于深度学习、虚拟现实等技术制作、发布的非真实直播信息内容,应当以显著方式予以标识
2021年3月	中央人民政府	《中华人民共和国国民经济和社会发展第十四个五年规划和2035年远景目标纲要》	虚拟现实和增强现实数字经济重点产业:推动三维图形生成、动态环境建模、实时动作捕捉、快速渲染处理等技术创新,发展虚拟现实整机、感知交互、内容采集制作等设备和开发工具软件、行业解决方案
2021年3月	工业和信息化部	《"双千兆"网络协同发展行动计划(2021—2023年)》	增强现实/虚拟现实、超高清视频等高带宽应用进一步融入生产生活,典型行业千兆应用模式形成示范。 大力推进"双千兆"网络应用创新。鼓励基础电信企业、互联网企业和行业单位合作创新,聚焦信息消费新需求、新期待,加快"双千兆"网络在超高清视频、增强现实/虚拟现实等消费领域的业务应用
2021年3月	商务部、工业和信息化部、生态环境部等	《关于开展全国供应链创新与应用示范创建工作的通知》	加快物联网、大数据、边缘计算、区块链、5G、人工智能、增强现实/虚拟现实等供应链新技术集成应用,推进数字化供应链加速发展
2021年4月	国家发展和改革委员会、商务部	《关于支持海南自由贸易港建设放宽市场准入若干特别措施的意见》	落实具有国际竞争力的文化产业奖励扶持政策,鼓励5G、虚拟现实、增强现实等新技术率先应用,在规划、用地、用海、用能、金融、人才引进等方面进行系统性支持

续表

发布时间	发布单位	文件名称	政策要点
2021年5月	国家新闻出版署	《关于开展出版业科技与标准创新示范项目试点工作的通知》	优秀成果类申报项目中，科技创新成果应重点聚焦大数据、人工智能、区块链、云计算、物联网、虚拟现实和增强现实等新技术在出版领域的创新研究。相关成果可为技术工具、平台系统、前沿技术产品及硬件设备等形态。科技创新成果应有利于科学合理利用资源，增强产品与服务的适用性、智能性与可信性，具有较高的创新价值。其中，虚拟现实和增强现实技术利用其三维图形生成、动态环境建模、实时动作捕捉、快速渲染处理等技术优势，实现多源信息融合、感知交互、动态场景与实体行为仿真，探索与出版产品结合，提升读者阅读体验，促进出版成果形态升级。 示范单位类申报项目中，科技应用示范单位在运用大数据、人工智能、区块链、云计算、物联网、虚拟现实和增强现实等前沿数字技术，在提高产品和服务质量、促进转型和融合发展等方面成效明显，具有较强的示范作用
2021年6月	国家中医药管理局、中央宣传部、教育部等	《中医药文化传播行动实施方案（2021—2025年）》	建设中医药文化传播平台：以中医药文化宣传教育基地为基础，遴选建设一批融健康养生知识、养生保健体验、休闲娱乐于一体的中医药文化体验场馆，充分利用数字语音、全景影像、三维影像以及虚拟现实、增强现实等技术手段，形成特色突出的中医药文化传播、展示体系
2021年7月	国务院办公厅	《关于加快发展外贸新业态新模式的意见》	支持传统外贸企业运用云计算、人工智能、虚拟现实等先进技术，加强研发设计，开展智能化、个性化、定制化生产；鼓励企业探索建设外贸新业态大数据实验室

续表

发布时间	发布单位	文件名称	政策要点
2021年7月	工业和信息化部、中央网络安全和信息化委员会办公室、国家发展和改革委员会等	《5G应用"扬帆"行动计划（2021—2023年）》	推动虚拟现实/增强现实等沉浸式设备工程化攻关，重点突破近眼显示、渲染处理、感知交互、内容制作等关键核心技术，着力降低产品功耗，提升产品供给水平。 加快云增强现实/虚拟现实头显、5G+4K摄像机、5G全景虚拟现实相机等智能产品推广，拉动新型产品和新型内容消费，促进新型体验类消费发展。 推进5G模组与增强现实/虚拟现实、远程操控设备、机器视觉、自动导引车等工业终端的深度融合，加快利用5G改造工业内网，打造5G全连接工厂标杆，形成信息技术网络与生产控制网络融合的网络部署模式，推动"5G+工业互联网"服务于生产核心环节。 加快5G教学终端设备及增强现实/虚拟现实教学数字内容的研发，结合增强现实/虚拟现实、全息投影等技术实现场景化交互教学，打造沉浸式课堂。 突破数字内容关键共性技术，推进超高清视频编解码、端云协同渲染、三维重建等关键技术研发，开发适配5G网络的增强现实/虚拟现实沉浸式内容、4K/8K视频等应用。打造增强现实/虚拟现实业务支撑平台和云化内容聚合分发平台，推动与5G结合的社交、演播观影、电子竞技、数字艺术等互动内容产业发展。 重点支持建设与5G结合的室外北斗高精度定位、室内5G蜂窝独立定位、人工智能、超高清视频、增强现实/虚拟现实等共性技术平台，提供跨行业的5G应用基础能力
2021年8月	教育部、财政部	《关于实施职业院校教师素质提高计划（2021—2025年）的通知》	信息技术应用能力提升：面向职业院校骨干教师，采取集中研修、项目实操等形式，分阶段开展研修。研修内容主要包括职业教育信息化制度标准、数字化教学资源开发制作应用、在线教学组织实施和平台使用、混合式教学组织实施、虚拟现实、增强现实、混合现实、人工智能等新一代信息技术应用、教学管理信息化应用

续表

发布时间	发布单位	文件名称	政策要点
2021年9月	人力资源和社会保障部办公厅、工业和信息化部办公厅	《关于颁布集成电路工程技术人员等7个国家职业技术技能标准的通知》	将虚拟现实工程技术人员纳入国家职业技术技能标准目录
2021年12月	中央网络安全和信息化委员会	《"十四五"国家信息化规划》	实施文化产业数字化战略,促进文化产业与新一代信息技术相互融合,发展基于5G、超高清、增强现实、虚拟现实、人工智能等技术的新一代沉浸式体验文化产品服务。 加快基于5G网络音视频传输能力建设,丰富教育、体育、传媒、娱乐等领域的4K/8K、虚拟/增强现实等新型多媒体内容源。 发挥在线教育、虚拟仿真实训等优势,深化教育领域大数据分析应用,不断拓展优化各级各类教育和终身学习服务
2022年1月	国务院	《"十四五"数字经济发展规划》	创新发展"云生活"服务,深化人工智能、虚拟现实、8K高清视频等技术的融合,拓展社交、购物、娱乐、展览等领域的应用,促进生活消费品质升级。 支持实体消费场所建设数字化消费新场景,推广智慧导览、智能导流、虚实交互体验、非接触式服务等应用,提升场景消费体验
2022年1月	国家发展和改革委员会、国家市场监督管理总局、中央网络安全和信息化委员会办公室等	《关于推动平台经济规范健康持续发展的若干意见》	鼓励平台企业拓展"互联网+"消费场景,提供高质量产品和服务,促进智能家居、虚拟现实、超高清视频终端等智能产品普及应用,发展智能导购、智能补货、虚拟化体验等新兴零售方式,推动远程医疗、网上办公、知识分享等应用
2022年1月	国务院	《"十四五"旅游业发展规划》	加快推动大数据、云计算、物联网、区块链及5G、北斗系统、虚拟现实、增强现实等新技术在旅游领域的应用普及,以科技创新提升旅游业发展水平。 推进全息展示、可穿戴设备、服务机器人、智能终端、无人机等技术的综合集成应用。推动智能旅游公共服务、旅游市场治理"智慧大脑"、交互式沉浸式旅游演艺等技术研发与应用示范

续表

发布时间	发布单位	文件名称	政策要点
2022年1月	教育部、国家发展和改革委员会、民政部等	《"十四五"特殊教育发展提升行动计划》	鼓励有条件的地方充分应用互联网、云计算、大数据、虚拟现实和人工智能等新技术，推进特殊教育智慧校园、智慧课堂建设
2022年2月	国务院	《"十四五"国家老龄事业发展和养老服务体系规划》	加快人工智能、脑科学、虚拟现实、可穿戴等新技术在健康促进类康复辅助器具中的集成应用
2022年4月	国务院办公厅	《关于进一步释放消费潜力促进消费持续恢复的意见》	推进第五代移动通信（5G）、物联网、云计算、人工智能、区块链、大数据等领域标准研制，加快超高清视频、互动视频、沉浸式视频、云游戏、虚拟现实、增强现实、可穿戴等技术标准预研，加强与相关应用标准的衔接配套
2022年5月	国务院办公厅	《关于推动外贸保稳提质的意见》	加快中国进出口商品交易会（广交会）等展会数字化、智能化建设，加强与跨境电商平台等联动互促，积极应用虚拟现实、增强现实、大数据等技术，优化云上展厅、虚拟展台等展览新模式，智能对接供采，便利企业成交
2022年10月	国家发展和改革委员会	《鼓励外商投资产业目录》	虚拟现实、增强现实、融合现实设备研发、制造。应用于第五代移动终端（手机、汽车、无人机、虚拟现实与增强显示等）的视觉传感器（数字相机、数字摄像头、三维传感器、激光雷达、毫米波雷达等）及其核心元组件（光学镜片与镜头、激光器、感光芯片、马达、光电模块等）、物联网终端的开发、制造
2022年11月	工业和信息化部、教育部、文化和旅游部等	《虚拟现实与行业应用融合发展行动计划（2022—2026年）》	发展目标：到2026年，三维化、虚实融合沉浸影音关键技术重点突破，新一代适人化虚拟现实终端产品不断丰富，产业生态进一步完善，虚拟现实在经济社会重要行业领域实现规模化应用，形成若干具有较强国际竞争力的骨干企业和产业集群，打造技术、产品、服务和应用共同繁荣的产业发展格局。 五大重点任务：推进关键技术融合创新；提升全产业链条供给能力；加速多行业多场景应用落地；加强产业公共服务平台建设；构建融合应用标准体系。 三大专项工程：关键技术融合创新工程；全产业链条供给提升工程；多场景应用融合推广工程。 七方面保障措施：加强统筹联动；优化发展环境；深化技术研发；开展应用试点；打造产业集群；强化人才支撑；推动交流合作

续表

发布时间	发布单位	文件名称	政策要点
2022年12月	国家互联网信息办公室、工业和信息化部、公安部	《互联网信息服务深度合成管理规定》	深度合成技术，是指利用深度学习、虚拟现实等生成合成类算法制作文本、图像、音频、视频、虚拟场景等网络信息的技术。沉浸式拟真场景是指应用深度合成技术生成或者编辑的、可供参与者体验或者互动的、具有高度真实感的虚拟场景
2023年1月	国家广播电视总局	《全国广播电视和网络视听"十四五"人才发展规划》	规划背景：当前，我国踏上全面建设社会主义现代化国家新征程，新一代科技革命和产业变革深入演进，5G、4K/8K、大数据、云计算、区块链、人工智能、元宇宙等技术不断发展，超高清、沉浸式、互动式、虚拟现实/增强现实/混合现实等视听内容形态不断创新，媒介使用新模式新场景不断涌现，大视听格局渐显，未来电视前景广阔，新型人才、高层次人才、复合人才需求与日俱增，人才工作的重要性、紧迫性空前凸显
2023年4月	工业和信息化部、文化和旅游部	《关于加强5G+智慧旅游协同创新发展的通知》	推动5G与物联网、虚拟现实、增强现实、数字孪生、机器人等技术和产品的有效融合，引导5G+4K/8K超高清视频、5G智慧导览、5G+虚拟现实/增强现实沉浸式旅游等应用场景规模发展，满足游客在旅游全过程智慧体验。鼓励依托智慧旅游信息服务平台探索5G应用，推动基于5G的人工智能摄像头、虚拟现实/增强现实终端、可穿戴设备等数字化产品与智慧旅游产品深度融合，促进5G智慧旅游产品的进一步推广
2023年5月	工业和信息化部办公厅、商务部办公厅	《关于开展2023"三品"全国行活动的通知》	加强产消互动，提质扩容优化模式促发展。组织消费者进工厂主题活动，利用增强现实/虚拟现实等现代信息技术增强消费体验，引领大中小企业及消费者协同联动，实现产业链上下游一体化发展
2023年5月	科学技术部、国家发展和改革委员会、工业和信息化部等	《深入贯彻落实习近平总书记重要批示加快推动北京国际科技创新中心建设的工作方案》	形成拥有技术主导权的产业集群：以北京国际科技创新中心为核心和引领，协同京津冀优势产业资源，打造新一代信息技术产业集群，推动大数据、云计算、物联网、区块链、虚拟现实、信息安全等领域领先发展

续表

发布时间	发布单位	文件名称	政策要点
2023年5月	工业和信息化部、国家发展和改革委员会、教育部等	《科技成果赋智中小企业专项行动（2023—2025年）》	增强云计算、人工智能、虚拟现实、机器人、工业互联网等为代表的智能技术的供给及推广，支持中小企业实施智能制造与建造，通过智能化技术改造和"上云上平台"，加快中小企业数字化转型、智能化升级。推动高等院校、科研院所等向中小企业开放共享科研仪器、数字基础设施、中试基地、数据库等基础创新资源，支持各类先导区、示范区、产业基地、集群等共享测试验证能力，优化壮大开源社区，降低中小企业的创新成本
2023年7月	国家发展和改革委员会	《关于恢复和扩大消费的措施》	利用超高清视频、虚拟现实、柔性显示等新技术，推进供给端技术创新和电子产品升级换代
2023年8月	工业和信息化部、科技部、国家能源局、国家标准化管理委员会	《新产业标准化领航工程实施方案（2023—2035年）》	研制集成电路、基础器件、能源电子、超高清视频、虚拟现实等电子信息标准。研制虚拟现实健康舒适度、信息安全、内容制作、编码传输、终端设备等重点标准，以及应用场景下模型架构、解决方案等应用标准
2023年8月	工业和信息化部、财政部	《电子信息制造业2023—2024年稳增长行动方案》	落实《虚拟现实与行业应用融合发展行动计划（2022—2026年）》，紧抓战略窗口期，提升虚拟现实产业核心技术创新能力，推动虚拟现实智能终端产品不断丰富。深化虚拟现实与工业生产、文化旅游、融合媒体等行业领域有机融合，开展虚拟现实典型应用案例征集和产业对接活动，推动虚拟现实产业走深走实。梳理基础电子元器件、半导体器件、光电子器件、电子材料、新型显示、集成电路、智慧家庭、虚拟现实等标准体系，加快重点标准制定和已发布标准落地实施
2023年9月	工业和信息化部办公厅、教育部办公厅、文化和旅游部办公厅等	《元宇宙产业创新发展三年行动计划（2023—2025年）》	加强关键技术集成创新，强化人工智能、区块链、云计算、虚拟现实等新一代信息技术在元宇宙中的集成突破，推动智能生成算法、分布式身份认证、数据资产流通等元宇宙关键技术在国家重大科技项目中的布局

附表2 广东省及粤港澳大湾区虚拟现实相关政策

发布时间	发布单位	文件名称	政策要点
2020年1月	广州市工业和信息化局、广州市商务局	《广州市推动规模化个性定制产业发展建设"定制之都"三年行动计划（2020—2022年)》	利用三维演算画面、虚拟现实/增强现实等新技术推动价值模式创新，增强消费端品牌体验
2020年2月	广东省推进粤港澳大湾区建设领导小组	《广州人工智能与数字经济试验区建设总体方案》	全力建设好琶洲核心片区省级人工智能产业园，采取省市区联合培育方式，在图像语音识别、机器翻译、虚拟现实与增强现实等重点领域建立人工智能企业培育库，培育一批具有全球竞争力的人工智能龙头企业
2020年5月	深圳市人民政府办公厅	《关于进一步促进工业设计发展的若干措施》	大力支持研发表情分析、建模渲染、虚拟现实、样板制造和表面处理等贯穿工业设计活动全过程的软硬件工具，构建门类齐全、先进适用的工业设计工具体系
2020年5月	广东省人民政府	《关于培育发展战略性支柱产业集群和战略性新兴产业集群的意见》	数字创意产业集群作为十大战略性新兴产业集群之一，以数字技术为核心驱动力，以高端化、专业化、国际化为主攻方向，大力推进5G、人工智能、大数据、虚拟现实/增强现实等新技术深度应用，巩固提升游戏、动漫、设计服务等优势产业，提速发展电竞、直播、短视频等新业态，培育一批具有全球竞争力的数字创意头部企业和精品知识版权（IP），高标准建设一批省级数字创意产业园等发展载体，形成以广州、深圳为核心引擎，珠海、汕头、佛山、东莞、中山等地特色集聚的"双核多点"发展格局，打造全球数字创意产业高地
2020年9月	广东省工业和信息化厅、中共广东省委宣传部、广东省文化和旅游厅等	《广东省培育数字创意战略性新兴产业集群行动计划（2021—2025年)》	利用5G技术的增强型移动宽带、低时延高可靠特性，推动云游戏加速发展，深化虚拟现实（含增强现实、混合现实）、人机交互、三维显示等数字技术在游戏、视频、会展、旅游等领域的应用

续表

发布时间	发布单位	文件名称	政策要点
2020年9月	广东省人民政府	《关于加快推进质量强省建设的实施方案》	利用5G、人工智能、区块链、增强现实/虚拟现实等新一代信息技术和物联网等信息化手段，实施传统业态数字化改造，提高质量信息的采集、追踪、分析和处理能力，加强质量大数据分析运用，提升产品、工程和服务质量安全动态监管、质量风险预警、突发事件应对、质量信用管理的效能
2020年11月	广州市工业和信息化局	《广州市深化工业互联网赋能 改造提升五大传统特色产业集群的若干措施》	提升工业互联网平台核心能力，引导平台增强5G、人工智能、区块链、增强现实/虚拟现实等新技术支撑能力，强化设计、生产、运维、管理等全流程数字化功能集成
2020年11月	广东省人民政府	《广东省建设国家数字经济创新发展试验区工作方案》	强化技术攻关和数字文化产业装备制造发展：加快人工智能、虚拟现实/增强现实、混合现实、三维、动漫游戏、全息成像、实时渲染等应用软件开发及关键技术攻关；大力发展虚拟现实、可穿戴式、沉浸式等数字内容制作设备制造产业
2021年1月	广东省人民政府	《教育部 广东省人民政府关于推进深圳职业教育高端发展 争创世界一流的实施意见》	充分发挥深圳5G独立组网的先发优势，全面推进5G智慧校园建设，加快改造学习空间，建设智慧教室、智能学习体验中心、增强现实/虚拟现实/混合现实实训室等，高标准打造泛在智慧学习环境；加大大型开放式网络课程（MOOC）/小规模限制性在线课程（SPOC）/微课、虚拟现实/增强现实/混合现实课程的建设力度
2021年1月	广东省教育厅、中共广东省委机构编制委员会办公室、广东省发展和改革委员会等	《关于加强残疾儿童少年义务教育阶段随班就读工作的实施细则（试行）》	鼓励各地积极探索运用大数据、人工智能、5G、虚拟现实等现代教育技术，推进教育信息化与残疾儿童少年教育教学的深度融合创新应用，提升育人质量
2021年1月	广州市天河区人民政府	《广州市天河区推动经济高质量发展的若干政策意见》	每年遴选一批虚拟现实/增强现实、游戏交互引擎、数字特效、全息成像、裸眼三维等数字创意产业领域关键核心应用技术的研发项目，给予每个项目最高不超过30万元支持

续表

发布时间	发布单位	文件名称	政策要点
2021年1月	广州市人民政府办公厅	《广州市推进新型基础设施建设实施方案（2020—2022年）》	结合全国"智慧教育示范区"创建工作，探索人工智能、大数据、虚拟现实/增强现实等信息技术与教育教学深度融合。加快会展场馆5G网络建设，鼓励会展场馆和会展项目应用物联网、大数据、人工智能、5G、虚拟现实等技术，推动会展场馆、服务智能化升级，促进会展数字化发展。支持大数据、人工智能、虚拟现实等技术在商业零售场景的充分运用，推动打造一批智慧门店
2021年1月	深圳市工业和信息化局	《深圳市数字经济产业创新发展实施方案（2021—2023年）》	借助5G、物联网、人工智能、虚拟现实、大数据、区块链等智能交互技术，与现代生产制造、商务金融、文化消费、教育健康、商贸流通、交通出行等深度融合，大力发展远程办公、在线展览展示、生鲜电商零售、"无接触"配送、新型移动出行、在线教育、在线医疗、在线研发设计等具有"在线、智能、交互"特征的新业态新模式，助力各行各业迭代升级
2021年1月	深圳市人民政府办公厅	《深圳市关于加快智慧城市和数字政府建设的若干意见》	探索多标识解析技术应用创新，推动5G在政务、车联网、增强现实/虚拟现实、医疗、物流、能源等领域深度应用。以5G技术为引领，进一步拓展应用场景，围绕无人驾驶、车联网、增强现实/虚拟现实、医疗、交通、金融等领域，加快建设一批智慧应用示范标杆项目和示范街区。加强政府部门对智慧化、数字化技术的首购首用，以数字政府建设和应用为牵引，带动新技术、新模式规模化应用，定期推出优质应用场景示范项目
2021年3月	东莞市发展和改革局	《东莞市生命科学和生物技术产业发展规划（2021—2035年）》	把握先进制造业与现代服务业"两业融合"发展趋势，立足东莞市电子信息制造优势，深化生物技术与人工智能、机器人、虚拟现实等信息技术融合，充分应用大数据、物联网等新一代数字技术，大力发展智慧医疗。发展目标：中子治疗创新实力全球彰显，中子治疗技术服务及解决方案形成成熟的商业模式，智慧医疗、虚拟现实康复训练设备、脑机接口等前沿领域在国内外具备一定影响力，成为国内重要的核医学研发中心、生命科学和生物技术产业高端制造基地。

续表

发布时间	发布单位	文件名称	政策要点
2021年3月	东莞市发展和改革局	《东莞市生命科学和生物技术产业发展规划（2021—2035年）》	重点发展领域：2035年前布局医用机器人、高值医用耗材、生物药、虚拟现实康复训练设备、脑机接口等细分领域，积极发展智慧医疗、中子治疗服务、康养服务等细分领域，实现"塑品牌、成引领"的中长期发展目标，提升产业自主研发创新能力，推动新技术快速大规模应用和迭代升级，力争到2035年形成具有东莞特色的品牌引领效应。 前沿产业方面，以全球视野前瞻布局前沿技术研发，发挥大科学装置在源头创新、基础应用研究方面的重要优势，加快推动以中子治疗为核心的核医学发展，前瞻部署虚拟现实康复训练设备、脑机接口等颠覆性技术与前沿产业领域，培育未来产业发展特色优势，为产业持续高端发展提供战略储备、拓展战略新空间。 支持虚拟现实技术在康复类医疗器械产品中的集成应用。重点围绕脑卒中、骨科术后、帕金森病、运动创伤、心理疾病等疾病康复治疗领域，探索发展洞穴式自动虚拟环境（CAVE）沉浸式系统、虚拟现实行走训练智能跑台、虚拟现实手部康复训练设备、虚拟现实头盔等产品。 引进全球顶尖的虚拟现实企业布局虚拟现实康复训练设备。充分发挥华为、欧珀电子（OPPO）、维沃移动通信（VIVO）等本地龙头企业在虚拟现实技术与产品设计方面优势，鼓励其开展虚拟现实康复训练设备的研发设计。实施虚拟现实康复训练场景招商，积极对接宏达电VIVE、3Glasses、大朋VR、奥克卢斯等虚拟现实领域全球领军企业和独角兽企业，吸引其在东莞跨界布局虚拟现实康复训练设备项目。依托光大We谷和东莞虚拟现实产业联盟，争取在东莞承办各类国际知名的虚拟现实博览会、行业峰会等活动，加大对东莞虚拟现实康复训练设备品牌的宣传推广力度
2021年4月	广东省人民政府	《广东省国民经济和社会发展第十四个五年规划和2035年远景目标纲要》	建设数字创意产业集群，以珠三角地区为核心，辐射带动粤东粤西粤北地区推广应用，大力推进5G、人工智能、大数据、虚拟现实/增强现实等新技术深度应用，巩固提升游戏、动漫、设计服务等优势产业，提速发展电竞、直播、短视频等新业态，培育一批具有全球竞争力的数字创意头部企业和精品知识版权（IP）

续表

发布时间	发布单位	文件名称	政策要点
2021年4月	广东省人民政府	《广东省人民政府关于加快数字化发展的意见》	强化虚拟现实、增强现实、混合现实、全息成像、裸眼三维等数字创意应用技术创新发展。 创建国家数字贸易先行示范区,壮大数字文化、数字金融等产业,提升远程医疗、远程教育、虚拟现实旅游等海外服务供给能力,促进数字技术应用与服务贸易深度融合
2021年4月	广州市人民政府	《广州市国民经济和社会发展第十四个五年规划和2035年远景目标纲要》	数字创意产业着力推进5G、人工智能、虚拟现实/增强现实等新技术深度应用,构建游戏、电竞、动漫、网络、影音产业生态圈,培育一批具有全球竞争力的数字创意头部企业和精品知识版权(IP)、打造"动漫游戏产业之都""全国电竞产业中心"
2021年5月	佛山市人民政府	《佛山市国民经济和社会发展第十四个五年规划和2035年远景目标纲要》	佛山市新型智慧城市系列智慧工程建设任务之一的智慧文旅工程,探索数字技术在文旅服务设施和沉浸式体验方面创新发展,鼓励A级景区、图书馆、博物馆、美术馆等充分运用虚拟现实+5G等人工智能技术打造立体、动态展示平台。 加大文化产业招商力度,鼓励文化与产业、科技、金融融合发展,培育发展新型文旅企业、新型业态促进新消费,重点支持基于5G、超高清、增强现实、虚拟现实、人工智能等高新技术的数字出版、数字娱乐、电竞、电音、网络视听、直播、音乐等数字文化产业、新型业态发展,重点支持一批全国行业排名靠前的文化企业通过增资扩产、提质增效做大做强,力争到2025年培育引进10家以上文化产业领域的"瞪羚"企业
2021年5月	东莞市人民政府	《东莞市国民经济和社会发展第十四个五年规划和2035年远景目标纲要》	推动5G+超高清+虚拟现实/增强现实等新技术在文化、教育等公共服务领域普及应用,提高群众生活品质。大力打造智慧教育,建设智慧校园、智慧课堂,支持多终端在线教育
2021年6月	深圳市食品药品安全委员会	《深圳市2021年食品安全重点工作安排》	以食品安全宣传周、校园食品安全宣传月、食品安全"五进"、星期三查餐厅、九号查酒、农产品任你查、"你点我检"等品牌活动,充分运用网络、动漫、视频、虚拟现实、增强现实、人工智能等技术手段,融合传统媒体的权威性以及新媒体的灵活性,打造全媒体科普宣传矩阵

续表

发布时间	发布单位	文件名称	政策要点
2021年7月	广东省工业和信息化厅	《广东省制造业数字化转型实施方案（2021—2025年）》《广东省制造业数字化转型若干政策措施》	支持行业龙头骨干企业和产业链上下游企业开展协同创新，加强超高清视频与5G、云计算、人工智能、虚拟现实等新一代信息技术融合应用，探索互动式视频、沉浸式视频、虚拟现实视频、云服务等新业态，拓展新体验新场景，研究制定内容制作、数据传输标准和行业融合标准、构建技术、产品、应用、服务一体化生态体系。 加快推进大数据、云计算、边缘计算、人工智能、区块链、数字孪生、虚拟现实、增强现实等新兴前沿技术与工业互联网平台的融合应用，培育发展智能化制造、网络化协同、个性化定制、服务化延伸、数字化管理等新模式新业态
2021年7月	广州市人民政府	《广州市促进文化和旅游产业高质量发展的若干措施》	加快虚拟现实/增强现实、游戏交互引擎、全息成像、裸眼三维等数字技术在文旅领域应用，推动文化和旅游产业"上云用数赋智"，培育一批数字文化重点企业
2021年7月	广州市人民政府	《广州市建设国家数字经济创新发展试验区实施方案》	强化技术攻关和数字文化产业装备制造发展，加快虚拟现实/增强现实、混合现实、全息成像、裸眼三维等数字创意关键应用技术攻关，大力发展虚拟现实、可穿戴式、沉浸式等数字内容制作设备制造产业。 加强琶洲地区会展企业集聚，加快推动物联网、虚拟现实/增强现实、数字孪生、多媒体展示、全息投影等技术在各类会展活动中的应用，提升参展商家与观众的互动体验。 探索发展人工智能、区块链、大数据、虚拟现实/增强现实等信息技术在个性化教学、教育知识产权保护、教学资源共享等领域应用创新，支持多终端在线教育。引进虚拟现实教学、在线自我测评、开放式创客实验室、全景直播互动教学等新一代智能化设备和教学场景
2021年9月	广州市人民政府办公厅	《广州市服务业发展"十四五"规划》	推进园区载体建设，支持天河全域打造"一谷一区一策源地"（广州软件谷、软件产业融合创新示范区、软件产业创新策源地），加快天河软件园发展，做优做强国家软件产业基地，重点发展5G、高端软件、工业软件、人工智能、虚拟现实等行业。

续表

发布时间	发布单位	文件名称	政策要点
2021年9月	广州市人民政府办公厅	《广州市服务业发展"十四五"规划》	虚拟现实与增强现实作为"十四五"时期软件和信息服务业重点发展领域之一，在加快虚实融合渲染、真三维呈现、实时定位注册等关键应用技术攻关，加快创新成果在医疗、文化、娱乐等行业推广运用和产业化。支持研发新型可穿戴智能装备、沉浸式体验平台、伴随式体验平台等新型软件及辅助工具，开拓虚拟直播、超感影院、混合现实娱乐等消费新领域。 鼓励广告企业加强科技研发，抢抓万物互联发展机遇，促进人工智能、大数据、短视频、自媒体、直播带货、虚拟现实等前沿新技术和新业态与广告产业交互渗透。 鼓励传统龙头企业、互联网企业建设跨行业、跨领域工业互联网平台，引导现有平台增强5G、人工智能、区块链、虚拟现实/增强现实等新技术支撑能力，提升平台技术和服务水平。 加快发展超高清视频、虚拟现实等新型信息产品，推动5G+4K/8K、虚拟现实/增强现实技术产品融合应用，打造千亿级超高清视频内容制作产业基地。 鼓励会展组织应用物联网、虚拟现实/增强现实、数字孪生、多媒体展示、全息投影等新技术，提高办展、参展全流程在线服务能力，提升参展商与观众的互动体验。 鼓励品牌展会主办机构运用三维虚拟现实、云计算、人工智能等技术整合会展场馆、参展企业等各方资源，拓展"虚拟会展+实体会展"新模式，打造"永不落幕"的会展品牌。 引进虚拟现实教学、在线自我测评、开放式创客实验室、全景直播互动教学等新一代智能化设备和教学场景
2021年9月	深圳市人民政府	《深圳建设国家体育消费试点城市实施方案》	在全市推广建设一批智慧健身设施；促进移动互联网、大数据、云计算、增强现实、虚拟现实等新技术在体育产业的应用创新
2021年10月	广州市工业和信息化局	《广州市加快5G应用创新发展三年行动计划（2021—2023）》	加快花果山智慧试听运营服务管理平台、超高清网络直点播应用项目建设，推动5G和4K/8K/虚拟现实/增强现实全息等超高清视频技术融合，充分利用广州在电竞、电商方面的发展优势，开展基于5G的4K直播，提升用户体验。

续表

发布时间	发布单位	文件名称	政策要点
2021年10月	广州市工业和信息化局	《广州市加快5G应用创新发展三年行动计划（2021—2023）》	充分发挥广州在会展领域的发展基础，推动5G数字场馆建设、探索开展5G+4K、5G+增强现实/虚拟现实直播观展，推动会展业数字化升级。 结合全国"智慧教育示范区"创建工作，以课堂为主阵地，融合应用5G、超高清视频、虚拟现实/增强现实等技术，推广高清大屏、移动终端、虚拟现实眼镜等智慧化教育设备，探索更多场景化、体验式的教学项目，增强教育的普惠性与公平性
2021年12月	肇庆市人民政府	《肇庆市国民经济和社会发展第十四个五年规划和2035年远景目标纲要》	支持培育虚拟现实沉浸式体验、增强现实游戏等体验式消费
2022年2月	广州市人民政府办公厅	《广州市科技创新"十四五"规划》	新型显示、虚拟现实与交互是重点领域新一代信息技术之一。突破曲面、折叠、柔性等关键技术，加快量子点、超高清显示、印刷显示、柔性显示等新技术研究，提前布局激光显示、三维显示、微型发光二极管等新型显示技术。加强有机发光二极管面板制造、4K/8K超高清视频关键设备创新研发和量产。加强动态环境建模、新型显示和传感器、系统开发工具、实时三维图形生成、多源数据处理等技术的自主研发能力。推进虚拟现实与工业设计、健康医疗、建筑设计、地质勘探、智能交通、文化教育、生活娱乐等领域的融合创新发展。 推进边缘计算、深度学习、增强现实、虚拟现实、区块链等新兴前沿技术在工业互联网的应用研究。 围绕游戏引擎、虚拟现实、裸眼三维等核心技术攻关，推动游戏电竞企业利用人工智能、5G、虚拟现实/增强现实等新兴技术研发电竞内容和衍生产品。 突破虚实互动协同展演设计与布景呈现、三维成像与智能交互、声光电一体控制与多维综合展演等技术，研发展演时空变换、虚实与视听呈现、实时监测与智能调度、虚拟现实互动引擎等系统与装备。 在金融产品开发、运营管理、风险管理等环节，加强云计算、大数据、移动互联网、物联网、虚拟现实、人工智能、生物特征识别等技术研发应用

续表

发布时间	发布单位	文件名称	政策要点
2022年3月	佛山市人民政府办公室	《佛山市服务业发展五年规划（2021—2025年）》	依托佛山创意产业园发展文化创意、数字经济应用相关产业，支持市内重点工业企业加快推动数字创意在研发、制造、商贸物流等环节应用，运用增强现实/虚拟现实、大数据、云计算等新一代信息技术，强化数字创意与传统优势产业的跨界融合，探索虚拟现实购物、社交电商、"粉丝经济"等创新设计的内容与模式。 积极利用5G高新视频、人工智能、虚拟现实和区块链等技术，推动应用场景广泛落地，推动视频文创资源集中和产业集聚，实现产业链、资金链、人才链、技术链"四链合一"。 加快发展超高清视频、虚拟现实等新型信息产品，推动5G+4K/8K、虚拟现实/增强现实技术产品融合应用，积极培育发展超高清视频内容制作产业。 引进虚拟现实教学、在线自我测评、开放式创客实验室、全景直播互动教学等新一代智能化设备和教学场景
2022年4月	广州市黄埔区工业和信息化局、广州开发区经济和信息化局、广州市黄埔区科学技术局等	《广州市黄埔区广州开发区促进元宇宙创新发展办法》	适用于有健全的财务制度、具有独立法人资格、实行独立核算、开展数字孪生、人机交互、脑机接口、增强现实/虚拟现实/混合现实等元宇宙领域具有突破性与颠覆性数字技术研发并提供相关服务的企业。 培育并引进一批拥有数字孪生、脑机接口、增强现实/虚拟现实/混合现实等元宇宙关键技术、可面向产业发展、社会治理、民生服务等各方面提供元宇宙相关技术服务的软硬件或平台型领军企业。 与国家及省、市联动支持具有发展前景、导向意义和创新性的数字孪生、人机交互、脑机接口、增强现实/虚拟现实/混合现实等元宇宙相关项目
2022年4月	广州市人民政府办公厅	《广州市战略性新兴产业发展"十四五"规划》	推动智能硬件产品的集成应用和推广，研制智能穿戴、智能车载、智能服务机器人、虚拟现实设备等智能产品。 推动文化与科技融合发展，着力推进5G、人工智能、虚拟现实/增强现实等新技术深度应用，构建游戏、电竞、动漫、网络、影音等产业生态圈，培育一批具有数字创意头部企业和精品知识产权（IP），打造"动漫游戏产业之都""全国电竞产业中心"和文化科技产业"硅谷"

续表

发布时间	发布单位	文件名称	政策要点
2022年4月	广州市人民政府办公厅	《广州市消防工作"十四五"规划》	建成国家级消防科普教育基地，升级省、市、县三级消防科普教育基地，构建"一轴两翼多点"消防体验场馆布局，综合运用虚拟现实、增强现实、全息投影等技术手段，提升科普教育基地时代性、科技感
2022年5月	广州市人民政府办公厅	《广州市商务发展"十四五"规划》	支持5G、云计算、大数据、人工智能、区块链、虚拟现实、卫星应用等软件和信息数字服务进出口
2022年5月	广州市人民政府办公厅	《广州市人口发展及社会领域公共服务体系建设"十四五"规划》	加快打造文化产业高质量发展新高地，培育文旅产业新业态，鼓励"文化+""创意+""设计+""互联网+"的跨界融合，发展基于5G、超高清、增强现实、虚拟现实、人工智能等技术的新一代沉浸式、体验型文化和旅游消费内容
2022年5月	东莞市人民政府办公室	《东莞市开放型经济发展"十四五"规划》	重点推进"5G+工业互联网"，加快生产型外资外贸企业的先进智能装备和系统普及应用，鼓励企业建设智能生产线、无人车间、数字化工厂等，运用电商直播、虚拟现实等新技术，开展市场拓展、网上展示、线上洽谈、拓宽数字化营销渠道
2022年6月	深圳市人民政府	《关于发展壮大战略性新兴产业集群和培育发展未来产业的意见》	智能终端产业集群是战略性新兴产业重点细分领域之一。围绕智能手机、个人电脑、虚拟现实/增强现实、智能可穿戴设备、智能车机、智能家电等智能终端产品，打造从关键核心元器件到高端整机品牌的完整产业链，加快应用软件、核心器件等关键技术突破，推动智能终端产业向福田、罗湖、南山、宝安、龙岗、龙华、坪山等区集聚发展，打造全球手机及新型智能终端产业高地
2022年6月	深圳市发展和改革委员会、深圳市科技创新委员会、深圳市工业和信息化局等	《深圳市培育发展超高清视频显示产业集群行动计划（2022—2025年）》	产业强链固基工程是重点工程之一。支持内容制作企业开展超高清视听内容生产，丰富4K/8K、增强现实/虚拟现实、三维等内容供给。 行业应用示范工程也是重点工程之一。文教娱乐领域支持教学电子信息设备、娱乐虚拟现实终端等重点产品的研发和升级，提高超高清视频显示内容制作能力，打造超高清智慧教室等应用

续表

发布时间	发布单位	文件名称	政策要点
2022年6月	深圳市文化广电旅游体育局、深圳市委宣传部、深圳市工业和信息化局	《深圳市培育数字创意产业集群行动计划（2022—2025年）》	面临的形势与机遇：当前、新一轮科技创新和产业革新加速推进，5G、大数据、云计算、虚拟现实、增强现实、人工智能、区块链等新技术加快发展，数字创意应用场景日趋广泛，为数字文化内容创作生产、传播提供了广阔空间。 数字技术研发与应用促进行动：发挥深圳信息技术和智能技术优势，扩大5G+4K/8K超高清、大数据、云计算、人工智能、虚拟现实、增强现实、区块链等数字技术在文化领域应用，支持开发更多数字创意应用场景，拓展数字创意产业发展新空间。 业态融合发展创新行动：加快推进文化企业"上云、用数、赋智"，培育壮大线上演播、线上展览、数字艺术、数字娱乐、沉浸式体验等新型文化业态。鼓励互联网平台与演艺机构、展览机构合作，运用5G+4K/8K超高清、虚拟现实、增强现实等技术，拓展数字创意场景应用。 优势产业巩固提升行动：加快促进游戏产业健康发展。鼓励游戏企业研发虚拟现实、增强现实、混合现实、裸眼三维等前沿科技与游戏相结合的产品，扶持云游戏及高端游戏装备、消费终端发展
2022年6月	深圳市工业和信息化局、深圳市商务局、深圳市发展和改革委员会	《深圳市培育发展现代时尚产业集群行动计划（2022—2025年）》	提升工业设计基础能力，聚焦工业设计基础研究，鼓励开展色彩、材料、工艺（CMF）设计、人体工学、人机交互、虚拟现实与辅助设计等设计基础理论和应用研究
2022年7月	广州市人民政府办公厅	《广州市农业农村现代化"十四五"规划》	紧跟"三农"发展需求，引入人工智能、虚拟现实/增强现实、智能识别、智能问诊、小程序等新技术，提升改造"广州农博士"服务平台功能并逐步打造成农业农村信息化服务的重要抓手。 在白云区人和镇建设省乡村振兴文化服务产业园，以文化赋能农业发展，聚焦数字农业、"互联网+农业"，集聚各种要素平台，建设广东现代农业产业园虚拟现实展示厅、数字化农产品品牌人才培训基地、农业短视频网红内容创造中心等项目，把文化服务产业园打造成为了解广东农业农村发展的重要窗口，服务广东乃至全国乡村振兴的重要平台

续表

发布时间	发布单位	文件名称	政策要点
2022年8月	广州市人民政府办公厅、佛山市人民政府办公室	《广佛全域同城化"十四五"发展规划》	在全国率先开展政务跨城通办，2020年实现广佛跨城通办事项78大类，番禺等区利用5G、虚拟现实等技术，以不见面、非接触、云端批的方式开启"服务无界"新尝试。 根据企业、市民需求及时增加两地实体大厅"跨城通办"服务窗口和事项，依托政务服务网及自助终端等载体进一步拓展跨城办理服务渠道和范围，利用5G+虚拟现实等技术提升服务体验
2022年9月	广州市人民政府办公厅	《广州市数字政府改革建设"十四五"规划》	数字技术快速发展为数字政府创新升级创造新条件。世界信息革命持续高速前进，云计算、大数据、物联网、移动互联网等新一代信息技术已经广泛应用于经济社会各领域，人工智能、区块链、5G、虚拟现实等应用范围不断扩展，新应用、新模式、新业态和新服务层出不穷，数字经济、数字社会各领域基于新一代数字技术的应用场景遍地开花，数字技术赋能作用得到全面体现。 建设"数字党建体验舱"，集成党课、虚拟现实、远程视频会议、人工智能设备演说练习等互动功能
2022年10月	广州南沙开发区管委会办公室、广州市南沙区人民政府办公室	《广州南沙新区（自贸片区）推动元宇宙生态发展九条措施》	适用于主营业务技术领域包括基于5G高速沉浸式互联网的虚实相融的研发和应用的下一代信息技术企业及周边外延产业；包含虚拟现实、增强现实、混合现实、扩展现实、沉浸式视觉、区块链、虚实互动、虚拟人、智能语音交互、三维数字资产等人机交互技术，沉浸式数字内容生产及元宇宙产业应用等。 以技术攻关支持、创新平台资助、产业集聚扶持、研发投入补助、应用场景构建、创新生态建设、人才引进补贴、科技金融支撑、知识产权促进等九条措施推动元宇宙生态发展

续表

发布时间	发布单位	文件名称	政策要点
2022年10月	深圳市工业和信息化局	《深圳市推动软件产业高质量发展的若干措施》	强化布局新兴平台软件及行业通用软件，重点支持云计算、大数据、人工智能、区块链、5G、虚拟现实和增强现实、物联网、工业互联网、元宇宙等新兴技术平台软件。推动人工智能软件推广应用，推动以计算机视觉、自然语言处理、机器学习、虚拟现实智能建模、群体智能等技术为核心的人工智能软件在民生服务、社会治理、经济发展等领域的试点应用
2022年10月	香港财政司	《有关香港虚拟资产发展的政策宣言》	就在香港发展蓬勃的虚拟资产行业和生态圈，阐明特区政府的政策立场和方针
2022年11月	横琴粤澳深度合作区财政局、国家税务总局横琴粤澳深度合作区税务局、横琴粤澳深度合作区经济发展局	《关于发布支持元宇宙产业发展十方面税收措施的通告》	从"促进元宇宙企业在合作区集聚""为元宇宙关键技术企业减负 支持创新主体培育""吸引更多研发型人才入驻 支持合作区元宇宙企业提升核心竞争力""支持元宇宙企业加大研发及资产投入""吸引元宇宙发展相关配套集聚""支持元宇宙中小企业发展壮大 完善提升产业链""助力深化国际研发合作""为元宇宙企业缓解资金压力""提供全天候优先定制化服务""支持成果在合作区落地"等十个方面，给予元宇宙企业从落地起步到成长发展的全周期支持
2022年12月	广东省科学技术厅、广东省工业和信息化厅	《广东省新一代人工智能创新发展行动计划（2022—2025年）》	在智慧教育领域，加强以智能技术赋能的数字人、虚拟现实/增强现实和平行世界网络技术研发和畅通产业链
2023年1月	广东省人民政府办公厅	《广东省"十四五"旅游业发展规划实施方案》	加大虚拟现实、增强现实、全息展示等技术的综合集成应用，提升文化展示和导览讲解的智能化水平，推进沉浸式旅游体验项目开发
2023年2月	广东省交通运输厅	《关于开展机动车驾驶"智能驾培"试点工作的通知》	推进虚拟现实、人工智能、大数据等技术与驾培行业深度融合应用，积极开展智能驾驶培训模拟器、智能机器人教练车等新技术应用试点，形成可复制、可推广的先进经验和典型成果，充分发挥人工智能促进广东省驾培行业降本增效、节能降碳、转型升级的积极作用，助力驾培行业品质化、智能化、低碳化发展

续表

发布时间	发布单位	文件名称	政策要点
2023年3月	广东省工业和信息化厅、广东省发展和改革委员会、广东省教育厅等	《广东省实施消费品工业"数字三品"三年行动方案》	鼓励企业打通线上线下消费场景，运用虚拟现实、增强现实等技术，打造沉浸式、体验式、互动式消费场景，开展全域营销
2023年3月	广州市人民政府	《广州市加快推进政务服务标准化规范化便利化工作实施方案》	支持有条件的市、区专业政务服务中心聚焦政务服务发展趋势，适度超前部署智慧政务基础设施，采用基于云计算、大数据、人工智能等的虚拟现实、机器人流程自动化、智能算法等新技术赋能政务服务创新，提升智慧审批水平，推广深化各类场景应用，减少政务服务机构、政务服务场所窗口工作人员"二次录入"和企业群众重复填写或提交材料等情况，不断提升政务服务效能
2023年9月	广州市人民政府办公厅	《广州市进一步促进软件和信息技术服务业高质量发展的若干措施》	深化人工智能、虚拟现实、元宇宙、超高清视频等技术的融合，拓展社交、购物、娱乐、展览等领域的应用
2023年9月	广东省人民政府办公厅	《广东省扩大内需战略实施方案》	丰富5G网络和千兆光网应用场景，促进超高清视频、虚拟现实、可穿戴设备、智能家居、医疗机器人等智能化产品应用，支持自动驾驶、无人配送等技术应用

附录2 国内虚拟现实标准制修订情况

附表1 虚拟现实国家标准立项及已发布情况

标准名称	计划号/标准号	归口单位	起草单位	状态
可穿戴设备的光辐射安全要求	GB/T 41265—2022	全国光辐射安全和激光设备标准化技术委员会	浙江智慧照明技术有限公司、浙江三色光电技术有限公司、解放军总医院（301医院）、杭州浙大三色仪器有限公司、杭州三泰检测技术有限公司、广东省中山市质量计量监督检测所、读书郎教育科技有限公司、厦门市产品质量监督检验院、杭州市质量技术监督检测院、宁波质量监督检测所、杭州亿时照明工程设计有限公司、中国计量科学研究院、浙江智慧健康照明研究中心	现行
信息技术 穿戴式设备 术语	GB/T 40683—2021	全国信息技术标准化技术委员会	中国电子技术标准化研究院、中国医学科学院生物医学工程研究所、上海笛乐护斯健康科技有限公司、中国信息通信研究院、山东省标准化研究院、安徽华米信息科技有限公司、山东微创软件有限公司	现行
游乐设施虚拟体验系统通用技术条件	GB/T 39080—2020	全国索道与游乐设施标准化技术委员会	华强方特文化科技集团股份有限公司、中国特种设备检测研究院、深圳华侨城文化旅游科技集团有限公司、江苏金刚文化科技集团股份有限公司、中国航天员科研训练中心、中山市金马科技娱乐设备股份有限公司、广东长隆集团有限公司	现行
信息技术 手势交互系统 第1部分：通用技术要求	GB/T 38665.1—2020	全国信息技术标准化技术委员会	中国电子技术标准化研究院、中国科学院软件研究所、北京理工大学、中国科学院心理研究所、中国科学院计算技术研究所、清华大学、北京航空航天大学、联想（北京）有限公司、英特尔（中国）研究中心有限公司、北京电影学院	现行
信息技术 手势交互系统 第2部分：系统外部接口	GB/T 38665.2—2020	全国信息技术标准化技术委员会	中国科学院软件研究所、中国电子技术标准化研究院、北京理工大学、浙江大学、中国科学院自动化研究所、中国科学院计算技术研究所、北京科技大学、华南理工大学、中国科学院心理研究所、杭州师范大学、济南大学、深圳市鸿合创新信息技术有限责任公司、北京诺亦腾科技有限公司、华为终端有限公司、北京电影学院	现行

续表

标准名称	计划号/标准号	归口单位	起草单位	状态
信息技术虚拟现实头戴式显示设备通用规范	GB/T 38259—2019	全国信息技术标准化技术委员会	北京理工大学、中国电子技术标准化研究院、北京电影学院、深圳赛西信息技术有限公司、歌尔股份有限公司、宏达通讯有限公司、中国移动通信有限公司研究院、南昌虚拟现实检测技术有限公司、浙江大学、深圳市掌网科技股份有限公司、北京耐德佳显示技术有限公司、中国计量科学研究院、青岛精工虚拟现实研究院、上海乐相科技有限公司、北京小鸟看看科技有限公司、小派科技（上海）有限责任公司、小米通讯技术有限公司	现行
信息技术虚拟现实应用软件基本要求和测试方法	GB/T 38258—2019	全国信息技术标准化技术委员会	中国电子技术标准化研究院、北京理工大学、北京电影学院、深圳赛西信息技术有限公司、福建网龙计算机网络信息技术有限公司、北京航空航天大学、浙江大学、歌尔股份有限公司、中国移动通信有限公司研究院、上海乐相科技有限公司、南昌虚拟现实检测技术有限公司、深圳市掌网科技股份有限公司、湖南财政经济学院、北京大视景科技有限公司、北京微视酷科技有限责任公司、北京科技大学、江苏金刚文化科技集团股份有限公司	现行
信息技术增强现实术语	GB/T 38247—2019	全国信息技术标准化技术委员会	中国电子技术标准化研究院、北京理工大学、北京电影学院、深圳赛西信息技术有限公司、西北师范大学、北京航空航天大学、上海交通大学、浙江大学、歌尔股份有限公司、北京邮电大学、北京耐德佳显示技术有限公司、北京圣威特科技有限公司、中兴通讯股份有限公司、青岛精工虚拟现实研究院、北京大视景科技有限公司	现行
可穿戴产品应用服务框架	GB/T 37344—2019	全国信息技术标准化技术委员会	中国电子技术标准化研究院、深圳赛西信息技术有限公司、中国医学科学院医学信息研究所、中国医学科学院生物医学工程研究所、小米通讯技术有限公司、安徽华米信息科技有限公司、京东方科技集团股份有限公司、惠州市德赛工业研究院有限公司、科大讯飞股份有限公司、联想（北京）有限公司、广东美的制冷设备有限公司	现行
可穿戴产品数据规范	GB/T 37037—2018	全国信息技术标准化技术委员会	中国电子技术标准化研究院、深圳赛西信息技术有限公司、中国医学科学院医学信息研究所、中国医学科学院生物医学工程研究所、小米通讯技术有限公司、安徽华米信息科技有限公司、京东方科技集团股份有限公司、惠州市德赛工业研究院有限公司、科大讯飞股份有限公司、联想（北京）有限公司、广东美的制冷设备有限公司	现行

续表

标准名称	计划号/标准号	归口单位	起草单位	状态
可穿戴产品分类与标识	GB/T 37035—2018	全国信息技术标准化技术委员会	中国电子技术标准化研究院、深圳赛西信息技术有限公司、中国医学科学院医学信息研究所、中国医学科学院生物医学工程研究所、小米通讯技术有限公司、安徽华米信息科技有限公司、京东方科技集团股份有限公司、惠州市德赛工业研究院有限公司、科大讯飞股份有限公司、联想（北京）有限公司、广东美的制冷设备有限公司	现行
信息技术 计算机图形图像处理和环境数据表示 混合与增强现实中实时人物肖像和实体的表示	20220593-T-469	全国信息技术标准化技术委员会	中国电子技术标准化研究院、江南大学、西安理工大学、北京乐步教育科技有限公司、苏州梦想人软件科技有限公司、视辰信息科技（上海）有限公司、杭州师范大学、浙江大学、南京大学、上海交通大学	审查阶段
信息技术 虚拟现实内容表达 第3部分：音频	20214282-T-469	全国信息技术标准化技术委员会	清华大学、北京大学、全景声科技南京有限公司、北京理工大学、中国电子技术标准化研究院、华为技术有限公司等	审查阶段
虚拟/增强现实内容制作流程规范	20213183-T-339	全国音频、视频及多媒体系统与设备标准化技术委员会	星鲨科技集团有限公司、中国电子技术标准化研究院、青岛星鲨的虚拟现实技术研究院、西北工业大学、北京航空航天大学、北京理工大学、北京电影学院、华为、腾讯	征求意见阶段
信息技术 增强现实软件构件规范	20214280-T-469	全国信息技术标准化技术委员会	江南大学、中国电子技术标准化研究院、西安理工大学、北京乐步教育科技有限公司、苏州梦想人软件科技有限公司、视辰信息科技（上海）有限公司、杭州师范大学、浙江大学、南京大学、上海交通大学	征求意见阶段
虚拟现实设备接口定位设备	20203868-T-339	全国音频、视频及多媒体系统与设备标准化技术委员会	中国电子技术标准化研究院、海信视像科技有限公司、歌尔股份有限公司、深圳创维智能系统技术研究院、北京凌宇智控科技有限公司、青岛虚拟现实研究院有限公司、工业和信息化部电子第五研究所、江南大学、西安理工大学、南昌虚拟现实检测技术有限公司、深圳市三诺数字科技有限公司、广东虚拟现实科技有限公司	批准阶段

续表

标准名称	计划号/标准号	归口单位	起草单位	状态
可穿戴设备的光辐射安全测量方法	20203872-T-604	全国光辐射安全和激光设备标准化技术委员会	杭州浙大三色仪器有限公司、厦门市计量检定测试院、濮阳市质量技术监督检验测试中心、杭州三泰检测技术有限公司、浙江三色光电技术有限公司、中国人民解放军总医院、浙江智慧照明技术有限公司、宁波市产品食品质量检验研究院（宁波市纤维检验所）、杭州市质量技术监督检测院、浙江智慧健康照明研究中心、成都市计量检定测试院、济宁半导体及显示产品质量监督检验中心、歌尔股份有限公司、莱茵技术－商检（宁波）有限公司、中国计量科学研究院、宁波市信测检测技术有限公司	现行阶段
信息技术 虚拟现实内容表达 第2部分：视频	20192086-T-469	全国信息技术标准化技术委员会	北京大学深圳研究生院、鹏城实验室、北京大学、中国科学技术大学、阿里巴巴（中国）有限公司、北京邮电大学、联发博动科技（北京）有限公司、咪咕视讯科技有限公司、上海大学、北京三星通信技术研究有限公司、深圳市大疆创新科技有限公司、华为技术有限公司、深圳市沉浸视觉科技有限公司、杭州海康威视数字技术股份有限公司、腾讯科技（深圳）有限公司、浙江大学、北京兰亭数字科技有限公司、海信集团控股股份有限公司、中国电子技术标准化研究院、广东博华超高清创新中心有限公司、中关村视听产业技术创新联盟	审查阶段
信息技术 虚拟现实内容表示编码 第1部分：系统	20190776-T-469	全国信息技术标准化技术委员会	工业和信息化部"数字音视频编解码技术标准工作组"	起草阶段

附表2 虚拟现实行业标准立项及已发布情况

标准名称	标准号	归口单位	起草单位	状态
面向移动终端的手势交互应用系统技术要求	YD/T 4088—2022	中国通信标准化协会	中国信息通信研究院、中兴通讯股份有限公司、维沃移动通信有限公司	现行

续表

标准名称	标准号	归口单位	起草单位	状态
VR视频系统节目制作和交换用视频参数值	GY/T 356—2021	全国广播电影电视标准化技术委员会 SAC/TC 239	国家广播电视总局广播电视科学研究院、中央广播电视总台、中广电广播电影电视设计研究院	现行
内容分发网络技术要求 虚拟现实音视频服务	YD/T 3941—2021	中国通信标准化协会	中国电信集团有限公司、中兴通讯股份有限公司、中国移动通信集团有限公司、中国信息通信研究院	现行
出版物增强现实技术应用规范	CY/T 178—2019	全国新闻出版标准化技术委员会	中国大地出版社有限公司、中地数媒（北京）科技文化有限责任公司、苏州梦想人软件科技有限公司、中国新闻出版研究院、中国少年儿童新闻出版总社、南京大学出版研究院、九州出版社、一路领先（北京）教育科技有限公司、漫阅科技（天津）有限公司、北京聚能鼎力科技股份有限公司、深圳创梦天地科技有限公司	现行
移动增强现实业务能力总体技术要求	YD/T 3078—2016	工业和信息化部	中兴通讯股份有限公司、中国电信集团公司、中国联合网络通信集团公司	现行

附表3 虚拟现实地方标准立项及已发布情况

标准名称	标准号	归口单位	起草单位	状态
交互式动画电影生产质量要求	DB22/T 3438—2023	吉林省文化和旅游厅	吉林动画学院	现行
虚拟现实应用软件性能测试要求	DB35/T 2044—2021	福建省信息化标准化技术委员会（SAFJ/TC 11）	福建网龙计算机网络信息技术有限公司、福建省计量科学研究院、福建省华渔教育科技有限公司、福州软件职业技术学院	现行
交互式动画生产技术要求	DB22/T 3117—2020	吉林省市场监督管理厅	吉林动画学院	现行

续表

标准名称	标准号	归口单位	起草单位	状态
智能手环通用技术条件及测试方法	DB32/T 3800—2020	江苏省计量科学研究院	江苏省计量科学研究院、国家信息网络产品质量监督检验中心、江苏省质量和标准化研究院、安徽华米信息科技有限公司、南京易途网络科技有限公司、江苏舜天全圣特科技有限公司、江苏中科西北星信息科技有限公司	现行
三维数字动画生产技术要求	DB22/T 2224—2019	吉林省市场监督管理厅	吉林吉动文化艺术集团股份有限公司	现行
虚拟现实影像技术规程	DB22/T 3047—2019	吉林省市场监督管理厅	吉林动画学院	现行
交互式动画影像技术规范	DB22/T 3048—2019	吉林省市场监督管理厅	吉林动画学院	现行
虚拟现实技术在旅游行业应用指导规范	DB51/T 2545—2018	四川省经济和信息化厅	成都景和千城科技股份有限公司、成都市软件产业发展中心、成都中科大旗软件有限公司、四川久远银海软件股份有限公司、四川华控图形科技有限公司、当家移动绿色互联网技术集团有限公司、微展世（北京）数字科技有限公司	现行
虚拟现实技术在心理健康领域应用指导规范	DB51/T 2544—2018	四川省经济和信息化厅	成都市蜀兴职业中学、四川久远银海软件股份有限公司、成都小微云联科技有限公司、成都市软件产业发展中心、成都有视科技有限公司、西南大学心理健康教育研究中心、电子科技大学信息与软件工程学院、四川传媒学院新媒	现行

附表4 虚拟现实团体标准立项及已发布情况

标准名称	标准编号	团体名称	起草单位	状态
虚拟现实专业工程能力评价规范	T/JSIE 0003—2022	江苏省工程师学会	南京大学、南京理工大学、金陵科技学院、南京钟山虚拟现实技术研究院有限公司、南京芯视元电子有限公司、南京睿悦信息技术有限公司、南京禹步信息科技有限公司、南京业恒达智能系统有限公司、江苏洛尧智慧通信科技有限公司、江苏前景信息科技有限公司、南京百音高科技有限公司、南京猫头鹰智能科技有限公司、南京药育智能科技有限公司、南京水晶视界文化科技有限公司、江苏原力数字科技股份有限公司、南京厚建软件有限责任公司、深圳市创想数维科技有限公司、南京卓尚智能科技有限公司、南京维赛客网络科技有限公司、南京投石智能系统有限公司	现行
智能VR眼镜控制系统	T/SDWY 003—2022	山东省文化娱乐行业协会	潍坊数字文创经济研究院、山东中创文化创意产业集团有限公司	现行
VR沉浸式体验系统	T/SDWY 002—2022	山东省文化娱乐行业协会	潍坊数字文创经济研究院、山东中创文化创意产业集团有限公司	现行
工业机器人增强现实示教系统技术规范	T/QME 0302—2022	青岛市机械电子工程学会	青岛理工大学、山东大学、北京科技大学、北京邮电大学、上海交通大学、青岛市技师学院、青岛市机器人产业协会、青岛市机器人学会、青岛宝佳智能装备股份有限公司、青岛科捷机器人有限公司、迈赫机器人自动化股份有限公司、深圳福智源科技有限公司、山东青博工业科技有限公司、烟台利塔工匠机器人有限公司、青岛市产品质量检验技术研究所	现行
增强现实头戴式自由曲面显示设技术规范	T/ZSA 130—2022	中关村标准化协会	北京蜂巢世纪科技有限公司、北京小米移动软件有限公司、联想（北京）有限公司、北京耐德佳显示技术有限公司、北京理工大学、德伽智能光电（镇江）有限公司、北京神州泰科技有限公司、北京电磁方圆科技有限公司	现行
创意动画三维模型制作规范	T/SHDSGY 031—2022	上海都市型工业协会	上海梵一文化传播有限公司、上海柚紫广告设计中心、北京鸿辉互动广告有限公司、北京爱路客文化传播有限公司	现行

续表

标准名称	标准编号	团体名称	起草单位	状态
培训行业用虚拟现实技术应用指导规范	T/HEBQIA 102—2022	河北省质量信息协会	河南阿尔法科技有限公司、河南灵境矿山安全技术有限公司、河南网强科技有限公司、河南省铭斐信息科技有限公司、河北省质量信息协会、河北景宜基和科技发展有限公司	现行
虚拟现实万向行动平台	T/CASMES 74—2022	中国中小企业协会	杭州虚现科技股份有限公司、杭州虚现投资管理合伙企业（有限合伙）、杭州元寰科技有限公司、杭州毕博标准化技术有限公司	现行
基于虚拟现实技术的心理康复训练指南	T/CPS 002—2022	中国心理学会	中国科学院心理研究所、中南大学湘雅二医院、空军军医大学医学心理系	现行
虚拟现实应用软件性能测试要求	T/GDEIIA 05—2022	广东省电子信息行业协会	广州赛度检测服务有限公司、赛汇检测（广州）有限公司、江苏方哲检测技术有限公司、东莞职业技术学院、广州一诺科技发展有限公司、广州思谋信息科技有限公司	现行
文化体验馆技术要求 第3部分：移动沉浸式体验馆	T/CTSA 0010—2022	中关村中恒文化科技创新服务联盟	音王电声股份有限公司、北京玖扬博文文化发展有限公司、江苏园上园智能科技有限公司、伏羲云（北京）文化科技有限公司、中国公共关系协会文化大数据产业委员会、中关村中恒文化科技融合创新中心、清研千讯（北京）科技有限公司	现行
三维声音技术规范 第1部分：编码分发与呈现	T/UWA 009.1—2022	世界超高清视频产业联盟	中国电子技术标准化研究院、华为技术有限公司、清华大学、北京字跳网络技术有限公司、赛因芯微（北京）电子科技有限公司、北京理工大学、中关村视听产业技术创新联盟、清华大学天津电子信息研究院、小米通讯技术有限公司、北京大学、博华超高清创新中心、上海海思技术有限公司、杭州当虹科技股份有限公司、咪咕文化科技有限公司、广州视源电子科技股份有限公司、北京市博汇科技股份有限公司、北京百度网讯科技有限公司、北京小米电子产品有限公司、TCL科技集团股份有限公司、中国移动集团有限公司、中国联合网络通信集团有限公司、中国电信集团有限公司、广东广播电视台、湖南广播电视台、浙江广播电视集团、浙江华策影视股份有限公司、中图集团中途云创智能科技（北京）有限公司、国家广播电视总局广播电视科学研究院、国家广播电视总局广播电视规划院	现行

续表

标准名称	标准编号	团体名称	起草单位	状态
虚拟现实视觉与交互相关用户体验评价体系	T/ZSA 107—2022	中关村标准化协会	中关村现代信息消费应用产业技术联盟、艾迪普科技股份有限公司、北京易智时代数字科技有限公司、终极（北京）科技有限公司、北京清博智能科技有限公司、中国信息通信技术研究院、国家新闻出版广电总局广播电视规划院、华为技术有限公司、中国电信集团、中国联通集团、中国移动集团、中兴通讯股份有限公司、腾讯视频、北京爱奇艺科技有限公司、阿里文娱、德科仕通信（上海）有限公司、首都师范大学、上海交通大学、深圳创维新世界科技有限公司、北京未来媒体科技股份有限公司、上海乐相科技有限公司、百视通网络电视技术发展有限责任公司、北京小鸟看看科技有限公司、复旦大学、北京邮电大学网络与交换技术国家重点实验室、中国传媒大学媒介音视频教育部重点实验室、西南科技大学计算机科学与技术学院	现行
虚拟现实视觉健康影响评价方法	T/CSBME 052—2022	中国生物医学工程学会	中山大学中山眼科中心、中国食品药品检定研究院、中山大学、中国电子技术标准化研究院、中国科学院苏州生物医学工程技术研究所、弥德科技有限公司、华为科技有限公司、深圳赛西信息技术有限公司、广州计量检测技术研究院、中国医科大学、中国生物医学工程学会医学人工智能分会	现行
元宇宙术语与传播规范	T/ZDMIA 3—2021	中关村数字媒体产业联盟	中国传媒大学互联网信息研究院、中关村数字媒体产业联盟元宇宙实验室、北京清博智能科技有限公司、新媒联盟（北京）文化传播有限责任公司、新华社新媒体中心、新华网亿连（北京）科技有限公司、中国科学院计算技术研究所、中央美术学院网络信息中心、上海大学新闻传播学院及融媒体影像艺术科学学院、哈尔滨商业大学、华为技术有限公司、中国联通研究院、浪潮通信技术有限公司、保利演出有限公司数字文旅事业部、上海商汤智能科技有限公司、中文在线数字出版集团股份有限公司、IMS（天下秀）新媒体商业集团、中国科技新闻学会新媒体专业委员会、中国电子学会虚拟现实分会、中关村数字媒体产业联盟区块链专委会、北京市农林科学院数据科学与农业经济研究所、广东南方电影工程技术研究院、厦门盈趣科技股份有限公司、华夏文广传媒集团股份有限公司、北京青云科技股份有限公司、杭州网易智企科技有限公司及杭州网易数帆科技有	

续表

标准名称	标准编号	团体名称	起草单位	状态
元宇宙术语与传播规范	T/ZDMIA 3—2021	中关村数字媒体产业联盟	限公司、北京医百科技有限公司、北京枫玉科技有限公司、北京聚力维度科技有限公司、北京七维视觉科技有限公司、天脉视讯（北京）科技有限公司、杭州相芯科技有限公司、北京特美通传媒科技有限责任公司、北京酷鸟飞飞科技有限公司、北京闻声互动科技有限公司、北京品西互动科技有限公司、百望股份有限公司	现行
虚拟现实教学资源通用规范	T/CQAE 17001—2021	中国电子质量管理协会	北京邮电大学、北京交通大学、北京工业职业技术学院、南京工业职业技术大学、南京信息职业技术学院、山东信息职业技术学院、常州机电职业技术学院、广州番禺职业技术学院、重庆电子工程职业学院、济宁技师学院、上海遥知信息技术有限公司、哈尔滨爱威尔科技有限公司、北京京西时代科技有限公司、威海恒科精工有限公司、山东卡尔电气股份有限公司	现行
虚拟现实课程资源制作技术规范	T/CAET 001—2021	中国教育技术协会	北京外国语大学、清华大学、四川外国语大学、解放军国际关系学院、上海外国语大学、山东大学、广州大学、西安外国语大学、广东外语外贸大学、大连外国语大学、天津外国语大学、北京语言大学、解放军外国语学院、北京第二外国语学院、中南大学、南京传媒学院、内蒙古师范大学、广州市英途信息软件股份有限公司、完美世界教育科技（北京）有限公司、上海曼恒数字技术有限公司、广州影新教育科技有限公司、北京东方正龙数字技术有限公司、上海凌极信息技术有限公司、北京视通天地科技发展有限公司、快思聪中国、北京蓝云天科技有限公司、北京同文世纪科技有限公司、北京鑫台华科技有限公司、安徽文香科技有限公司、上海左旗电子科技有限公司、北京天宝信息科技有限公司	现行
智慧教室分级评估技术规范第6部分：虚拟现实一体机	T/SUCA 004.6—2021	深圳市8K超高清视频产业协作联盟	深圳赛西信息技术有限公司，深圳市8K超高清视频产业协作联盟，深圳创维新世界科技有限公司，深圳创维数字技术有限公司，中国电子技术标准化研究院，青岛海信商用显示股份有限公司，华南理工大学，TCL华星光电技术有限公司	现行

续表

标准名称	标准编号	团体名称	起草单位	状态
虚拟现实（虚拟现实）激光雷达三维扫描相机通用技术规范	T/ZSA 29—2021	中关村标准化协会	贝壳找房（北京）科技有限公司、北京思朋硕科技有限公司、菲曼（北京）科技有限公司、腾讯云计算（北京）有限责任公司、中关村会展与服务产业联盟、华为技术有限公司、易遨（天津）网络技术有限公司	现行
文化体验馆技术要求 第1部分 沉浸式教室	T/CTSA 0005—2021 T/CTSA 5002.1—2021	中国公共关系协会文化大数据产业委员会、中关村中恒文化科技创新服务联盟	成都索贝数码科技股份有限公司、新维畅想数字科技（北京）有限公司、广州励丰文化科技股份有限公司、中国公共关系协会文化大数据产业委员会、中关村中恒文化科技融合创新中心、上海国际文化装备产业园管理有限公司、北京电影学院未来影像高精尖创新中心、清华大学天津高端装备研究院洛阳先进制造产业研发基地、深圳市创造派教育科技有限公司、北京星汉云图文化科技有限公司、成都凡拓数字创意科技有限公司、上海誉迪科技股份有限公司、四川大学信息化建设与管理办公室、清研千讯（北京）科技有限公司、北京北辰地产集团有限公司、北京玖扬博文文化发展有限公司	现行
虚拟现实产品 质量检验规范	T/GAGA 006—2021	广州市番禺动漫游艺行业协会	广州质量监督检测研究院、广州卓远虚拟现实科技有限公司、广州市影擎电子科技有限公司、广州市龙程电子有限公司、广州市钦泰科技有限公司	现行
虚拟现实产品 环境适应性要求和试验方法	T/GAGA 005—2021	广州市番禺动漫游艺行业协会	广州质量监督检测研究院、广州卓远虚拟现实科技有限公司、广州市影擎电子科技有限公司、广州市龙程电子有限公司、广州市钦泰科技有限公司	现行
虚拟现实产品 安全要求和试验方法	T/GAGA 004—2021	广州市番禺动漫游艺行业协会	广州质量监督检测研究院、广州卓远虚拟现实科技有限公司、广州市影擎电子科技有限公司、广州市龙程电子有限公司、广州市钦泰科技有限公司	现行
实景三维空间采集重建的虚拟现实（VR）技术指南	T/SIA 021—2021	中国软件行业协会	贝壳找房（北京）科技有限公司，腾讯云计算（北京）有限责任公司，华为技术有限公司，中国电子技术标准化研究院，北京航空航天大学，中国虚拟现实技术与产业创新平台，中国软件行业协会智能终端与云服务分会	现行

续表

标准名称	标准编号	团体名称	起草单位	状态
可穿戴手势交互设备	T/GDVRA 01—2020	广东省虚拟现实产业技术创新联盟	广东省生产力促进中心、广州卓远虚拟现实科技有限公司、广州市影擎电子科技有限公司、广州幻境科技有限公司、广州市广安检测技术有限公司、广东海火虚拟现实技术服务有限公司、广州史帝奇游艺设备有限公司、北京乐客灵境科技有限公司、广州盗梦信息科技有限公司	现行
虚拟现实文娱科普体验设备	T/GDVRA 02—2020	广东省虚拟现实产业技术创新联盟	广东省生产力促进中心、广州卓远虚拟现实科技有限公司、广州市影擎电子科技有限公司、广州幻境科技有限公司、广州市广安检测技术有限公司、广东海火虚拟现实技术服务有限公司、广州史帝奇游艺设备有限公司、北京乐客灵境科技有限公司、广州盗梦信息科技有限公司	现行
信息技术移动设备增强现实系统应用接口	T/CESA 1131—2020	中国电子工业标准化技术协会	浙江商汤科技开发有限公司、中国电子技术标准化研究院、浙江大学、北京邮电大学、山东大学、OPPO广东移动通信有限公司、北京小米移动软件有限公司、北京百度网讯科技有限公司、北京爱奇艺智能科技有限公司、网易（杭州）网络有限公司、杭州易现先进科技有限公司、华东理工大学、深圳惠牛科技有限公司、深圳市亿境虚拟现实技术有限公司、陕西龙图文化科技有限公司、广东笑翠鸟教育科技有限公司、视辰信息科技（上海）有限公司、奥提赞光晶（山东）显示科技有限公司、成都米有网络科技有限公司、陕西优托物联科技有限公司、陕西文创教育发展有限公司、北京商询科技有限公司、联保（北京）科技有限公司、南京睿悦信息技术有限公司、上海影创信息科技有限公司	现行
信息技术移动设备增强现实系统技术规范	T/CESA 1130—2020	中国电子工业标准化技术协会	浙江商汤科技开发有限公司、中国电子技术标准化研究院、浙江大学、北京邮电大学、山东大学、OPPO广东移动通信有限公司、北京小米移动软件有限公司、北京百度网讯科技有限公司、北京爱奇艺智能科技有限公司、网易（杭州）网络有限公司、杭州易现先进科技有限公司、华东理工大学、深圳惠牛科技有限公司、深圳市亿境虚拟现实技术有限公司、陕西龙图文化科技有限公司、广东笑翠鸟教育科技有限公司、视辰信息科技（上海）有限公司、奥提赞光晶（山东）显示科技有限公司、成都米有网络科技有限公司、陕西优托物联科技有限公司、陕西文创教育发展有限公司、北京商询科技有限公司、联保（北京）科技有限公司、南京睿悦信息技术有限公司、上海影创信息科技有限公司	现行

续表

标准名称	标准编号	团体名称	起草单位	状态
虚拟现实应用模型场景开发规范	T/SIOT 804—2020	上海市物联网行业协会	上海曼恒数字技术股份有限公司、上海宝立自动化工程有限公司、上海虚拟仿真实验教学工程技术研究中心、上海木圣网络科技有限公司、锐嘉科集团有限公司、上海皋城软件有限公司、曼恒蔚图（上海）软件技术有限公司、上海原川信息技术有限公司、上海庆科信息技术有限公司、上海复旦网络信息工程有限公司、上海众达信息产业有限公司、上海市物联网行业协会	现行
虚拟现实用户界面设计规范	T/SIOT 803—2020	上海市物联网行业协会	上海曼恒数字技术股份有限公司、上海宝立自动化工程有限公司、上海庆科信息技术有限公司、上海宝景信息技术发展有限公司、曼恒蔚图（上海）软件技术有限公司、上海原川信息技术有限公司、上海虚拟仿真实验教学工程技术研究中心、上海顶逸信息科技有限公司、上海市物联网行业协会、上海复旦网络信息工程有限公司	现行
虚拟现实交互技术开发规范	T/SIOT 802—2020	上海市物联网行业协会	上海曼恒数字技术股份有限公司、上海智晶半导体科技有限公司、上海皋城软件有限公司、上海宝景信息技术发展有限公司、上海虚拟仿真实验教学工程技术研究中心、上海原川信息技术有限公司、上海积梦智能科技有限公司、曼恒蔚图（上海）软件技术有限公司、上海感信信息科技股份有限公司、上海宏力达信息技术股份有限公司、上海市物联网行业协会	现行
虚拟现实异地多人协同技术规范	T/SIOT 801—2020	上海市物联网行业协会	上海曼恒数字技术股份有限公司、上海智晶半导体科技有限公司、上海宝景信息技术发展有限公司、上海虚拟仿真实验教学工程技术研究中心、上海积梦智能科技有限公司、上海原川信息技术有限公司、上海威派格智慧水务股份有限公司、曼恒蔚图（上海）软件技术有限公司、锐嘉科集团有限公司、希姆通信息技术（上海）有限公司、上海市物联网行业协会、上海微创医疗器械（集团）有限公司	现行
绿色设计产品评价技术规范 智能终端头戴式显示设备	T/CESA 1069—2020	中国电子工业标准化技术协会	中国电子技术标准化研究院、潍坊赛宝工业技术研究院有限公司、联想（北京）有限公司、爱普生（中国）有限公司、中国惠普有限公司、工业和信息化部电子第五研究所	现行

续表

标准名称	标准编号	团体名称	起草单位	状态
虚拟现实用户体验评估标准	T/INFOCA 2—2019	中关村现代信息消费应用产业技术联盟	中关村现代信息消费应用产业技术联盟牵头，中国信息通信技术研究院、国家新闻出版广电总局广播电视规划院、华为技术有限公司、中国电信集团、中国联通集团、中国移动集团、中兴通讯股份有限公司、腾讯视频、北京爱奇艺科技有限公司、阿里文娱、德科仕通信（上海）有限公司、首都师范大学、上海交通大学、深圳创维新世界科技有限公司、北京未来媒体科技股份有限公司、终极（北京）科技有限公司、上海乐相科技有限公司、百视通网络电视技术发展有限责任公司、北京小鸟看看科技有限公司、复旦大学、北京邮电大学网络与交换技术国家重点实验室、中国传媒大学媒介音视频教育部重点实验室、西南科技大学计算机科学与技术学院	现行
虚拟形象3D重建的CG标准	T/BAGIA 0005—2019	北京动漫游戏产业协会	迈吉客科技（北京）有限公司、北京动漫游戏产业协会	现行
三维动画镜头预演制作流程规范	T/BAGIA 0003—2019	北京动漫游戏产业协会	北京动漫游戏产业协会、中影年年（北京）文化传媒有限公司	现行
三维动画模型制作流程规范	T/BAGIA 0002—2019	北京动漫游戏产业协会	北京动漫游戏产业协会、中影年年（北京）文化传媒有限公司	现行
影视动画三维模型制作	T/BAGIA 0001—2019	北京动漫游戏产业协会	北京动漫游戏产业协会、北京北广映画数码科技有限公司、北京中传合道文化发展有限公司、灵然创智（天津）动画科技发展有限公司、北京光云动漫文化有限公司	现行
HTML5游戏引擎平台对接接口	T/BAGIA 0004—2019	北京动漫游戏产业协会	北京动漫游戏产业协会、北京触控科技有限公司、搜游网络科技（北京）有限公司、厦门雅基软件有限公司、北京白鹭时代信息技术有限公司	现行
VR六人动感设备动力机构规范	T/CQCBDS 0018—2—2018	重庆市云计算和大数据产业协会	重庆云威科技有限公司、重庆邮电大学、重庆易联数码科技有限公司、重庆西南集成电路设计有限责任公司、中国移动通信集团重庆有限公司、重庆智佳信息科技有限公司、重庆天枢衡科技有限公司、重庆源盾科技有限责任公司、中国科学院重庆绿色智能技术研究院、重庆七彩虹数码科技有限公司等CQCBDS委员单位	现行

续表

标准名称	标准编号	团体名称	起草单位	状态
unity VR场景创建烘焙标准	T/CQCBDS 0013—2018	重庆市云计算和大数据产业协会	重庆云威科技有限公司、重庆邮电大学、重庆易联数码科技有限公司、重庆西南集成电路设计有限责任公司、中国移动通信集团重庆有限公司、重庆智佳信息科技有限公司、重庆天枢衡科技有限公司、重庆源盾科技有限责任公司、中国科学院重庆绿色智能技术研究院、重庆七彩虹数码科技有限公司等CQCBDS委员单位	现行
unity项目优化标准	T/CQCBDS 0014—2018	重庆市云计算和大数据产业协会	重庆云威科技有限公司、重庆邮电大学、重庆易联数码科技有限公司、重庆西南集成电路设计有限责任公司、中国移动通信集团重庆有限公司、重庆智佳信息科技有限公司、重庆天枢衡科技有限公司、重庆源盾科技有限责任公司、中国科学院重庆绿色智能技术研究院、重庆七彩虹数码科技有限公司等CQCBDS委员单位	现行
增强现实（AR）智能可视化装置	T/GDID 1010—2018	广东省企业创新发展协会	广州市和佳电子科技有限公司、深圳市炬视科技有限公司、广州台慧信息技术有限公司、广州盟标质量检测技术服务有限公司、广东建源检测技术有限公司、广东诚测检验技术有限公司、科盛康源质检技术服务有限公司、广东建恺建源检测有限公司	现行
虚拟现实头戴式显示设备通用规范	T/IVRA 0001—2017	虚拟现实产业联盟	北京理工大学、中国电子技术标准化研究院、上海乐相科技有限公司、深圳虚拟现实科技有限公司、歌尔股份有限公司、北京小鸟看看科技有限公司、宏达通讯有限公司、小米通讯技术有限公司、北京爱奇艺科技有限公司、深圳市掌网科技股份有限公司、北京暴风魔镜科技有限公司等	现行

附表5 虚拟现实企业标准立项及已发布情况

标准名称	标准编号	企业名称	状态
虚拟现实头戴式显示设备	Q/SDZC 002—2022	山东中创文化创意产业集团有限公司	现行
VR模拟操作台人体工学设计标准	Q/MTGK－J 002.01—2022	江西明天高科技股份有限公司	现行

续表

标准名称	标准编号	企业名称	状态
VR眼镜专用的供电与高速信号传输线	Q/JD 13—2022	湖州久鼎电子有限公司	现行
虚拟现实一体机	Q/SDZC 001—2022	山东中创文化创意产业集团有限公司	现行
VR交通模拟体验系统	Q/LLDY 003—2022	山东利雷德扬文化交流有限公司	现行
红军过草地VR体验系统	Q/ZZZN 011—2022	烟台筑智智能科技有限公司	现行
VR学生消防逃生演练系统	Q/ZZZN 010—2022	烟台筑智智能科技有限公司	现行
校园地震逃生VR安全教育平台	Q/ZZZN 009—2022	烟台筑智智能科技有限公司	现行
虚拟现实5G城市建筑能耗碳计算终端	Q/330602ZJLX 001—2022	浙江鹿港智能科技有限公司	现行
增强现实（AR）显示设备光学特性测量方法	Q/3201PXSJ 001—2022	南京平行视界技术有限公司	现行
智能可穿戴设备系列产品	Q/DKBA 2553—2020	华为终端有限公司	现行
VR应急救护体验平台	Q/ZZZN 007—2022	烟台筑智智能科技有限公司	现行
虚拟现实头戴式显示设备	Q/0202RSR 680—2022	海信视像科技股份有限公司	现行
车内增强现实光学组件	Q/330108LJQX 01—2022	浙江棱镜全息科技有限公司	现行
增强现实智能眼镜 含（遮光板选件包&衬垫选件包）	Q/320500SZMT 001—2022	名硕电脑（苏州）有限公司	现行
思为软件移动VR在线看房系统技术规范	Q/SWKJ 01—2022	深圳市思为软件技术有限公司	现行
激光三维增强现实定位投影系统	Q/LV 220505—2022	光量信息科技（宁波）有限公司	现行
梦镜5G防爆AR智能头盔RX101	Q/SY KLD·J0005—2021	昆仑数智科技有限责任公司	现行
三维建模制作	Q/370672YTMD 001—2021	山东漫动信息科技有限公司	现行
VR眼镜	Q/371500SDJK 002—2021	山东晴康电子科技有限公司	现行
虚拟现实交互一体机	Q/CHXX 001—2021	长河虚现（天津）科技有限公司	现行
基于MR技术的虚拟现实眼镜	Q/370811JNWL 001—2021	济宁孔子文化旅游集团有限公司	现行
头戴式VR设备控制系统	Q/370000MKW 007—2021	烟台玛克威信息科技有限公司	现行

续表

标准名称	标准编号	企业名称	状态
智能VR3D实时交互系统	Q/370000MKW 006—2021	烟台玛克威信息科技有限公司	现行
多功能VR头戴设备	Q/370000MKW 005—2021	烟台玛克威信息科技有限公司	现行
基于VR的虚拟场景展示系统	Q/370000MKW 002—2021	烟台玛克威信息科技有限公司	现行
智能VR眼镜控制系统	Q/370000MKW 001—2021	烟台玛克威信息科技有限公司	现行
三维场景建模	Q/ZZHY 001—2021	浙江众智绘云信息科技有限责任公司	现行
智能可穿戴设备系列产品	Q/RYZD 0006—2020	荣耀终端有限公司	现行
VR智慧展示系统	Q/ZZZN 003—2020	烟台筑智智能科技有限公司	现行
工业机器人AR增强现实视觉应用系统	Q/370000ZCQC 04—2020	烟台市智程汽车装备技术有限公司	现行
增强现实眼镜-光学显示性能要求和测试方法	Q/SYJY 001—2020	舜宇光学（浙江）研究院有限公司	现行
增强现实车载抬头显示器	Q/CO 46—2020	浙江水晶光电科技股份有限公司	现行
安全VR虚拟体验软件技术条件	Q/370211QSDC 0502—2020	青岛中石大教育发展有限公司	现行
虚拟现实一体机	Q/320411NRT 002—2020	常州快来信息科技有限公司	现行
三屏（VR）动感模拟赛车	Q/ARTY 0007—2019	河北奥锐通用机械设备有限公司	现行
VR9D模拟设备	Q/ARTY 0004—2019	河北奥锐通用机械设备有限公司	现行
裸眼3D智能交互系统	Q/330212SRD 001—2019	宁波视睿迪光电有限公司	现行
无限运动平台及动作映射力反馈系统	Q/zy 001—2019	重庆子元科技有限公司	现行
AR地球仪	Q/NBLQ 003—2019	余姚市乐奇文具有限公司	现行
VR飞行影院平台	Q/XW 02—2019	宁波新文三维股份有限公司	现行
信息技术 增强现实通用要求	Q/WY 001—2019	网易（杭州）网络有限公司	现行
虚拟现实跑步机	Q/FL 01—2018	浙江斐络工业设计有限公司	现行
裸眼虚拟现实图像	Q/nevr 001—2018	镇江魔能网络科技有限公司	现行

续表

标准名称	标准编号	企业名称	状态
小型轻量虚拟现实万向行动平台	Q/XX 002—2018	杭州虚现科技有限公司	现行
VR娱乐及动感影院设备	Q/ZYV R3—2018	广州卓远虚拟现实科技有限公司	现行
AR游戏枪	Q/XGT 001—2018	深圳市鑫国腾科技有限公司	现行
虚拟现实设备用多通道复合电缆	Q/320581GEI 015—2018	常熟市景弘盛通信科技股份有限公司	现行
VR沉浸式体验系统	Q/HFCT 11—2017	合肥香蕉人数字科技有限公司	现行
虚拟现实头戴式显示设备	Q/SZ3D 001—2017	深圳市掌网科技股份有限公司	现行
VR眼镜	Q/OUSB 005—2017	深圳市欧思博电子科技有限公司	现行
AR手柄	Q/KBY 003—2017	深圳市科比翼科技有限公司	现行
VR眼镜	Q/QHBM 008—2017	深圳前海博米科技有限公司	现行
VR眼镜	Q/DJMY 003—2017	深圳市达际贸易有限公司	现行
VR眼镜	Q/LKXY 005—2017	深圳市利科兴业科技有限公司	现行
VR仿真模拟设备	Q/YETH 510-8·1—2017	成都有尔天弘科技有限公司	现行
AR遥控和蓝牙游戏手柄	Q/QW 017—2017	深圳市乔威电源有限公司	现行
VR眼镜技术规范	Q/BL 024—2017	安徽状元郎电子科技有限公司	现行
VR眼镜	Q/HYS 001—2017	深圳市华益盛科技有限公司	企业自行废止
VR眼镜	Q/WBTX 009—2017	深圳市威铂通讯科技有限公司	现行
VR眼镜	Q/CK 001—2017	深圳市南方超科科技有限公司	现行
虚拟现实头盔/VR眼镜	Q/XZ 001A—2017	深圳小宅科技有限公司	现行
虚拟现实头盔/VR一体机	Q/XZ 002—2017	深圳小宅科技有限公司	现行
VR眼镜	Q/TRD 004—2017	深圳市特睿得贸易有限公司	现行
虚拟现实（VR）智能眼镜	Q31/0112000577C001	上海欢米光学科技有限公司	现行

续表

标准名称	标准编号	企业名称	状态
VR眼镜	Q/WK 043—2017	深圳市睿创科技有限公司	现行
VR眼镜	Q/RMM 005—2017	深圳市睿禾科技有限公司	现行
VR眼镜	Q/KLS 1—2017	东莞科络斯电子科技有限公司	现行
VR头盔	Q/YHS 001—2017	杭州眼护士数据科技有限公司	现行
VR眼镜	Q/ZXSK 001—2017	深圳市忠信塑科技有限公司	现行
虚拟现实设备	Q/SJW 016—2016	深圳市京华数码科技有限公司	现行
VR眼镜	Q/YSJ 001—2016	深圳市宇时基科技有限公司	现行
虚拟现实（VR）智能眼镜	Q/YJDZ 0001—2016	深圳市优嘉电子有限公司	现行
VR眼镜	Q/YTMY 001—2016	深圳壹淘贸易有限公司	现行
简易VR	Q/DKBA 2316—2016	华为技术有限公司	现行
虚拟现实眼镜头盔标准	Q/QHHX 001—2016	深圳市前海恒鑫供应链管理有限公司	现行
VR	Q/XG 001—2016	深圳市新干科技有限公司	现行
虚拟现实VR眼镜	Q/BFMJ 002—2016	北京暴风魔镜科技有限公司	现行
虚拟现实（VR）智能眼镜	Q31/0115000198C007	上海创米科技有限公司	现行
虚拟现实眼镜头盔	Q/JXRF 001—2016	深圳市吉祥瑞丰科技有限公司	现行
数字虚拟动作识别器	Q/HJ 002—2016	合肥寰景信息技术有限公司	现行
虚拟现实设备	Q31/0115000030C002	索尼互动娱乐（上海）有限公司	现行
虚拟过山车	Q/PLFSZ 003—2016	深圳市普乐方数字技术有限公司	现行

附录3 教育部备案开设虚拟现实专业本科院校及高职院校名单

附表1 全国开设虚拟现实技术专业本科院校名单

序号	省份/直辖市	专业代码	专业名称	学校名称	年限
1	安徽省	080916T	虚拟现实技术	安庆师范大学	4
2	北京市	310208	虚拟现实技术	北京航空航天大学	4
3	广西壮族自治区	310208	虚拟现实技术	广西科技大学	4
4	海南省	080916T	虚拟现实技术	三亚学院	4
5	河北省	310208	虚拟现实技术	河北东方学院	4
6	河北省	310208	虚拟现实技术	河北工程技术学院	4
7	河南省	310208	虚拟现实技术	南阳理工学院	4
8	河南省	080916T	虚拟现实技术	郑州工程技术学院	4
9	黑龙江省	310208	虚拟现实技术	哈尔滨信息工程学院	4
10	湖北省	310208	虚拟现实技术	湖北理工学院	4
11	吉林省	310208	虚拟现实技术	吉林动画学院	4
12	江西省	310208	虚拟现实技术	江西科技师范大学	4
13	江西省	310208	虚拟现实技术	江西理工大学	4
14	江西省	310208	虚拟现实技术	华东交通大学	4
15	江西省	310208	虚拟现实技术	江西财经大学	4
16	江西省	080916T	虚拟现实技术	江西科技学院	4
17	江西省	080916T	虚拟现实技术	南昌应用技术师范学院	4
18	辽宁省	310208	虚拟现实技术	大连理工大学城市学院	4
19	辽宁省	310208	虚拟现实技术	大连东软信息学院	4
20	辽宁省	080916T	虚拟现实技术	沈阳理工大学	4
21	辽宁省	080916T	虚拟现实技术	沈阳城市学院	4
22	山东省	310208	虚拟现实技术	青岛农业大学海都学院	4
23	山东省	310208	虚拟现实技术	泰山科技学院	4
24	山东省	080916T	虚拟现实技术	青岛电影学院	4

续表

序号	省份/直辖市	专业代码	专业名称	学校名称	年限
25	山西省	310208	虚拟现实技术	山西传媒学院	4
26	四川省	310208	虚拟现实技术	吉利学院	4
27	四川省	080916T	虚拟现实技术	成都东软学院	4
28	云南省	310208	虚拟现实技术	云南经济管理学院	4
29	重庆市	310208	虚拟现实技术	重庆移通学院	4
30	重庆市	080916T	虚拟现实技术	重庆工程学院	4
31	重庆市	080916T	虚拟现实技术	重庆对外经贸学院	4

附表2　全国备案虚拟现实技术应用专业高职院校名单

序号	省份/直辖市	专业代码	专业名称	学校名称	年限
1	广东省	510208	虚拟现实技术应用	广东工贸职业技术学院	3
2	广东省	510208	虚拟现实技术应用	深圳职业技术学院	3
3	广东省	510208	虚拟现实技术应用	广东农工商职业技术学院	3
4	广东省	510208	虚拟现实技术应用	广东邮电职业技术学院	3
5	广东省	510208	虚拟现实技术应用	深圳信息职业技术学院	3
6	广东省	510208	虚拟现实技术应用	广东省外语艺术职业学院	3
7	广东省	510208	虚拟现实技术应用	广州现代信息工程职业技术学院	3
8	广东省	510208	虚拟现实技术应用	广东理工职业学院	3 或 2
9	广东省	510208	虚拟现实技术应用	广州华南商贸职业学院	3
10	广东省	510208	虚拟现实技术应用	广东工程职业技术学院	3
11	广东省	510208	虚拟现实技术应用	广州铁路职业技术学院	3
12	广东省	510208	虚拟现实技术应用	广东文理职业学院	3
13	广东省	510208	虚拟现实技术应用	东莞职业技术学院	3
14	安徽省	510208	虚拟现实技术应用	淮南联合大学	3
15	安徽省	510208	虚拟现实技术应用	安徽商贸职业技术学院	3
16	安徽省	510208	虚拟现实技术应用	民办万博科技职业学院	3
17	安徽省	510208	虚拟现实技术应用	安徽电子信息职业技术学院	3
18	安徽省	510208	虚拟现实技术应用	滁州职业技术学院	3
19	安徽省	510208	虚拟现实技术应用	宣城职业技术学院	3 或 2
20	安徽省	510208	虚拟现实技术应用	安徽城市管理职业学院	3

续表

序号	省份/直辖市	专业代码	专业名称	学校名称	年限
21	安徽省	510208	虚拟现实技术应用	安徽工商职业学院	3
22	安徽省	510208	虚拟现实技术应用	安徽国际商务职业学院	3
23	安徽省	510208	虚拟现实技术应用	安徽工业职业技术学院	3
24	北京市	510208	虚拟现实技术应用	北京工业职业技术学院	3
25	北京市	510208	虚拟现实技术应用	北京信息职业技术学院	3或2
26	北京市	510208	虚拟现实技术应用	北京北大方正软件职业技术学院	3
27	福建省	510208	虚拟现实技术应用	福建船政交通职业学院	3
28	福建省	510208	虚拟现实技术应用	福州职业技术学院	3
29	福建省	510208	虚拟现实技术应用	福建信息职业技术学院	3
30	福建省	510208	虚拟现实技术应用	福建农业职业技术学院	3
31	福建省	510208	虚拟现实技术应用	泉州纺织服装职业学院	3
32	福建省	510208	虚拟现实技术应用	泉州华光职业学院	3
33	福建省	510208	虚拟现实技术应用	福州黎明职业技术学院	3
34	福建省	510208	虚拟现实技术应用	泉州经贸职业技术学院	3
35	福建省	510208	虚拟现实技术应用	湄洲湾职业技术学院	3
36	福建省	510208	虚拟现实技术应用	三明医学科技职业学院	3
37	福建省	510208	虚拟现实技术应用	福州软件职业技术学院	3
38	福建省	510208	虚拟现实技术应用	漳州科技职业学院	3
39	甘肃省	510208	虚拟现实技术应用	兰州职业技术学院	3
40	广西壮族自治区	510208	虚拟现实技术应用	柳州职业技术学院	3
41	广西壮族自治区	510208	虚拟现实技术应用	广西工业职业技术学院	3
42	河北省	510208	虚拟现实技术应用	衡水职业技术学院	3
43	河北省	510208	虚拟现实技术应用	石家庄信息工程职业学院	3
44	河北省	510208	虚拟现实技术应用	河北机电职业技术学院	3
45	河北省	510208	虚拟现实技术应用	河北工业职业技术大学	3
46	河北省	510208	虚拟现实技术应用	冀中职业学院	3
47	河北省	510208	虚拟现实技术应用	河北东方学院	3
48	河北省	510208	虚拟现实技术应用	曹妃甸职业技术学院	3
49	河北省	510208	虚拟现实技术应用	衡水健康科技职业学院	3
50	河南省	510208	虚拟现实技术应用	河南职业技术学院	3

续表

序号	省份/直辖市	专业代码	专业名称	学校名称	年限
51	河南省	510208	虚拟现实技术应用	三门峡职业技术学院	3
52	河南省	510208	虚拟现实技术应用	郑州铁路职业技术学院	3
53	河南省	510208	虚拟现实技术应用	焦作大学	3
54	河南省	510208	虚拟现实技术应用	濮阳职业技术学院	3
55	河南省	510208	虚拟现实技术应用	许昌职业技术学院	3
56	河南省	510208	虚拟现实技术应用	鹤壁职业技术学院	3
57	河南省	510208	虚拟现实技术应用	新乡医学院三全学院	3
58	河南省	510208	虚拟现实技术应用	河南农业职业学院	3
59	河南省	510208	虚拟现实技术应用	郑州职业技术学院	3
60	河南省	510208	虚拟现实技术应用	河南林业职业学院	3
61	河南省	510208	虚拟现实技术应用	郑州电力职业技术学院	3
62	河南省	510208	虚拟现实技术应用	漯河食品职业学院	3
63	河南省	510208	虚拟现实技术应用	驻马店职业技术学院	3
64	河南省	510208	虚拟现实技术应用	长垣烹饪职业技术学院	3
65	河南省	510208	虚拟现实技术应用	河南艺术职业学院	3
66	河南省	510208	虚拟现实技术应用	许昌电气职业学院	3
67	河南省	510208	虚拟现实技术应用	南阳农业职业学院	5或3
68	河南省	510208	虚拟现实技术应用	三门峡社会管理职业学院	3
69	河南省	510208	虚拟现实技术应用	河南轻工职业学院	3
70	河南省	510208	虚拟现实技术应用	河南测绘职业学院	3
71	河南省	510208	虚拟现实技术应用	南阳科技职业学院	3或2
72	黑龙江省	510208	虚拟现实技术应用	牡丹江大学	3
73	黑龙江省	510208	虚拟现实技术应用	黑龙江农垦职业学院	3
74	湖北省	510208	虚拟现实技术应用	武汉城市职业学院	3
75	湖北省	510208	虚拟现实技术应用	湖北交通职业技术学院	3
76	湖北省	510208	虚拟现实技术应用	武汉软件工程职业学院	3
77	湖北省	510208	虚拟现实技术应用	武汉信息传播职业技术学院	3
78	湖北省	510208	虚拟现实技术应用	湖北黄冈应急管理职业技术学院	3
79	湖北省	510208	虚拟现实技术应用	湖北科技职业学院	3
80	湖南省	510208	虚拟现实技术应用	长沙民政职业技术学院	3

续表

序号	省份/直辖市	专业代码	专业名称	学校名称	年限
81	湖南省	510208	虚拟现实技术应用	潇湘职业学院	3
82	湖南省	510208	虚拟现实技术应用	湖南石油化工职业技术学院	3
83	湖南省	510208	虚拟现实技术应用	湖南安全技术职业学院	3
84	吉林省	510208	虚拟现实技术应用	长春金融高等专科学校	3 或 2
85	吉林省	510208	虚拟现实技术应用	长春职业技术学院	3 或 2
86	吉林省	510208	虚拟现实技术应用	长春信息技术职业学院	3
87	江苏省	510208	虚拟现实技术应用	苏州职业大学	3
88	江苏省	510208	虚拟现实技术应用	硅湖职业技术学院	3
89	江苏省	510208	虚拟现实技术应用	常州信息职业技术学院	3
90	江苏省	510208	虚拟现实技术应用	江苏联合职业技术学院	5
91	江苏省	510208	虚拟现实技术应用	无锡科技职业学院	3
92	江苏省	510208	虚拟现实技术应用	苏州托普信息职业技术学院	3
93	江苏省	510208	虚拟现实技术应用	江南影视艺术职业学院	3
94	江苏省	510208	虚拟现实技术应用	宿迁职业技术学院	3
95	江苏省	510208	虚拟现实技术应用	南京信息职业技术学院	3
96	江苏省	510208	虚拟现实技术应用	常州机电职业技术学院	3
97	江苏省	510208	虚拟现实技术应用	苏州健雄职业技术学院	3
98	江西省	510208	虚拟现实技术应用	江西科技学院	3
99	江西省	510208	虚拟现实技术应用	九江职业技术学院	3
100	江西省	510208	虚拟现实技术应用	江西环境工程职业学院	3
101	江西省	510208	虚拟现实技术应用	江西信息应用职业技术学院	3 或 2
102	江西省	510208	虚拟现实技术应用	江西财经职业学院	3
103	江西省	510208	虚拟现实技术应用	江西应用技术职业学院	3
104	江西省	510208	虚拟现实技术应用	江西现代职业技术学院	3
105	江西省	510208	虚拟现实技术应用	江西机电职业技术学院	3
106	江西省	510208	虚拟现实技术应用	南昌工学院	3
107	江西省	510208	虚拟现实技术应用	江西工业贸易职业技术学院	3
108	江西省	510208	虚拟现实技术应用	宜春职业技术学院	3
109	江西省	510208	虚拟现实技术应用	江西生物科技职业学院	3
110	江西省	510208	虚拟现实技术应用	抚州职业技术学院	3

续表

序号	省份/直辖市	专业代码	专业名称	学校名称	年限
111	江西省	510208	虚拟现实技术应用	景德镇艺术职业大学	3
112	江西省	510208	虚拟现实技术应用	南昌应用技术师范学院	3
113	江西省	510208	虚拟现实技术应用	豫章师范学院	3
114	江西省	510208	虚拟现实技术应用	江西软件职业技术大学	3
115	江西省	510208	虚拟现实技术应用	江西制造职业技术学院	3
116	江西省	510208	虚拟现实技术应用	江西青年职业学院	3
117	江西省	510208	虚拟现实技术应用	江西农业工程职业学院	3
118	江西省	510208	虚拟现实技术应用	江西泰豪动漫职业学院	3
119	江西省	510208	虚拟现实技术应用	江西冶金职业技术学院	3
120	江西省	510208	虚拟现实技术应用	江西传媒职业学院	3
121	江西省	510208	虚拟现实技术应用	共青科技职业学院	3
122	江西省	510208	虚拟现实技术应用	江西洪州职业学院	3
123	江西省	510208	虚拟现实技术应用	赣州职业技术学院	3 或 2
124	江西省	510208	虚拟现实技术应用	江西经济管理干部学院	3
125	辽宁省	510208	虚拟现实技术应用	锦州师范高等专科学校	3
126	辽宁省	510208	虚拟现实技术应用	辽阳职业技术学院	3
127	辽宁省	510208	虚拟现实技术应用	沈阳职业技术学院	3
128	辽宁省	510208	虚拟现实技术应用	辽宁经济职业技术学院	3
129	辽宁省	510208	虚拟现实技术应用	大连东软信息学院	3
130	辽宁省	510208	虚拟现实技术应用	大连枫叶职业技术学院	3
131	辽宁省	510208	虚拟现实技术应用	辽宁建筑职业学院	3
132	内蒙古自治区	510208	虚拟现实技术应用	内蒙古电子信息职业技术学院	3
133	山东省	510208	虚拟现实技术应用	山东商业职业技术学院	3
134	山东省	510208	虚拟现实技术应用	山东劳动职业技术学院	3
135	山东省	510208	虚拟现实技术应用	潍坊职业学院	3
136	山东省	510208	虚拟现实技术应用	聊城职业技术学院	3
137	山东省	510208	虚拟现实技术应用	山东服装职业学院	3
138	山东省	510208	虚拟现实技术应用	山东外贸职业学院	3
139	山东省	510208	虚拟现实技术应用	山东信息职业技术学院	3
140	山东省	510208	虚拟现实技术应用	山东工业职业学院	3

续表

序号	省份/直辖市	专业代码	专业名称	学校名称	年限
141	山东省	510208	虚拟现实技术应用	济南职业学院	3
142	山东省	510208	虚拟现实技术应用	泰山科技学院	3
143	山东省	510208	虚拟现实技术应用	山东电子职业技术学院	3
144	山东省	510208	虚拟现实技术应用	泰山职业技术学院	3
145	山东省	510208	虚拟现实技术应用	烟台汽车工程职业学院	3
146	山东省	510208	虚拟现实技术应用	临沂职业学院	3
147	山东省	510208	虚拟现实技术应用	枣庄职业学院	3
148	山东省	510208	虚拟现实技术应用	山东理工职业学院	3
149	山东省	510208	虚拟现实技术应用	青岛电影学院	3
150	山东省	510208	虚拟现实技术应用	山东海事职业学院	3
151	山东省	510208	虚拟现实技术应用	潍坊工程职业学院	3
152	山东省	510208	虚拟现实技术应用	山东艺术设计职业学院	3
153	山东省	510208	虚拟现实技术应用	烟台黄金职业学院	3
154	山东省	510208	虚拟现实技术应用	青岛航空科技职业学院	3
155	山东省	510208	虚拟现实技术应用	潍坊环境工程职业学院	3
156	山西省	510208	虚拟现实技术应用	山西艺术职业学院	3
157	山西省	510208	虚拟现实技术应用	山西林业职业技术学院	3
158	山西省	510208	虚拟现实技术应用	山西水利职业技术学院	3
159	山西省	510208	虚拟现实技术应用	阳泉职业技术学院	3 或 2
160	山西省	510208	虚拟现实技术应用	山西职业技术学院	3
161	山西省	510208	虚拟现实技术应用	山西青年职业学院	3 或 2
162	山西省	510208	虚拟现实技术应用	山西工程职业学院	3
163	陕西省	510208	虚拟现实技术应用	陕西职业技术学院	3
164	陕西省	510208	虚拟现实技术应用	西安汽车职业大学	3
165	陕西省	510208	虚拟现实技术应用	陕西工商职业学院	3
166	陕西省	510208	虚拟现实技术应用	西安信息职业大学	3
167	陕西省	510208	虚拟现实技术应用	陕西艺术职业学院	3
168	上海市	510208	虚拟现实技术应用	上海震旦职业学院	3
169	上海市	510208	虚拟现实技术应用	上海思博职业技术学院	3
170	上海市	510208	虚拟现实技术应用	上海工艺美术职业学院	3

续表

序号	省份/直辖市	专业代码	专业名称	学校名称	年限
171	上海市	510208	虚拟现实技术应用	上海南湖职业技术学院	5 或 3
172	四川省	510208	虚拟现实技术应用	四川化工职业技术学院	3
173	四川省	510208	虚拟现实技术应用	宜宾职业技术学院	3
174	四川省	510208	虚拟现实技术应用	四川信息职业技术学院	5 或 3
175	四川省	510208	虚拟现实技术应用	四川文化艺术学院	3
176	四川省	510208	虚拟现实技术应用	四川科技职业学院	3
177	四川省	510208	虚拟现实技术应用	四川城市职业学院	3
178	四川省	510208	虚拟现实技术应用	四川长江职业学院	3
179	四川省	510208	虚拟现实技术应用	川北幼儿师范高等专科学校	3
180	四川省	510208	虚拟现实技术应用	四川西南航空职业学院	5 或 3
181	四川省	510208	虚拟现实技术应用	南充电影工业职业学院	3
182	天津市	510208	虚拟现实技术应用	天津滨海职业学院	3
183	新疆维吾尔自治区	510208	虚拟现实技术应用	新疆应用职业技术学院	3
184	云南省	510208	虚拟现实技术应用	云南国防工业职业技术学院	3
185	云南省	510208	虚拟现实技术应用	云南经贸外事职业学院	3
186	云南省	510208	虚拟现实技术应用	云南水利水电职业学院	3
187	浙江省	510208	虚拟现实技术应用	温州职业技术学院	3 或 2
188	浙江省	510208	虚拟现实技术应用	浙江机电职业技术学院	3
189	浙江省	510208	虚拟现实技术应用	嘉兴职业技术学院	3
190	浙江省	510208	虚拟现实技术应用	浙江广厦建设职业技术大学	3
191	浙江省	510208	虚拟现实技术应用	浙江安防职业技术学院	3
192	重庆市	510208	虚拟现实技术应用	重庆电子工程职业学院	3 或 2
193	重庆市	510208	虚拟现实技术应用	重庆海联职业技术学院	3
194	重庆市	510208	虚拟现实技术应用	重庆建筑科技职业学院	3
195	重庆市	510208	虚拟现实技术应用	重庆城市职业学院	3
196	重庆市	510208	虚拟现实技术应用	重庆水利电力职业技术学院	3
197	重庆市	510208	虚拟现实技术应用	重庆财经职业学院	3
198	重庆市	510208	虚拟现实技术应用	重庆艺术工程职业学院	3
199	重庆市	510208	虚拟现实技术应用	重庆电信职业学院	3
200	重庆市	510208	虚拟现实技术应用	重庆幼儿师范高等专科学校	3

广东省虚拟现实
应用场景典型案例集

韶关市博物馆（韶关市文物考古研究所）

韶关市博物馆成立于 1961 年，是一座以地方史为主的综合性国家博物馆。现馆位于韶关市武江区工业西路 90 号，占地面积 10 300 平方米，建筑面积 7 500 平方米，展厅面积 3 334 平方米。馆内收藏陈列有本地区出土的历史文物、革命战争年代遗留的革命文物以及其他各类传世文物，现有各类藏品 1 万余件，等级文物 573 件。常年对外开放有 6 个固定陈列，其中包括基本陈列《古虞名郡风度韶州——韶关古代历史文化陈列》和《共和国的选择——韶关工矿文化展》。

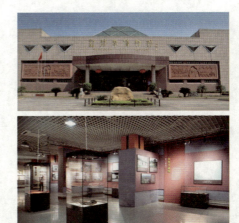

下辖场馆中共广东省委粤北省委历史陈列馆、北伐战争纪念馆均常年开放相关专题陈列。中共广东省委粤北省委历史陈列馆基本陈列《中共广东省委粤北省委历史陈列（1938—1942）》被公布为"广东省2021 年广东省弘扬社会主义核心价值观主题展览"。

广州市大湾区虚拟现实研究院

案例名称：虚拟现实融合应用创新公共服务平台

广州市大湾区虚拟现实研究院由广州引力波科技创新发展有限公司和黄埔文化（广州）发展集团有限公司共同发起成立，以虚拟现实技术为主要研究方向。重点开展数字创意及内容创新和技术交易与转化工作。

虚拟现实融合应用创新公共服务平台依托计算服务集群、虚拟现实应用示范平台和生态服务支撑平台，为各领域的开发者、企业、政府、科研院所和高等院校提供虚拟现实生态服务和数字化转型升级服务。该平台拥有虚拟现实产品检验检测、沉浸式产品服务认证体系、沉浸式产品体验诊断及潜力分析等技术服务，支持各区域传统产业进行绿色、健康、智能、可持续的数字化转型升级。

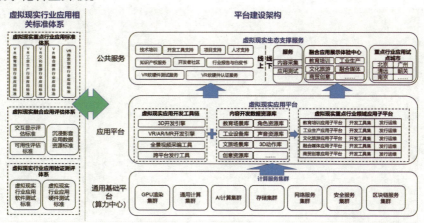

广州卓远虚拟现实科技有限公司

案例名称：元宇宙主动式履带万向跑步机和首款重力控制移动平台

广州卓远虚拟现实科技有限公司（旗下 VR 品牌"幻影星空"，科普品牌"普乐蛙"）是国家高新技术企业，专注于 VR 智能设备的研发、生产和销售，提供 VR 体验馆服务。该公司是虚拟现实应用解决方案的领导者，国内 VR 体验馆高端智能化设备细分行业的龙头企业，也是广州市"链长制"VR 链主企业。

针对 VR+体育健身领域的痛点，该公司自主创新研发突破 VR 空间运动感知新技术，独创行业内首款元宇宙主动式履带万向跑步机和首款重力控制移动平台。这些创新产品让 VR 空间运动的交互方式从"用手柄控制"提升为"用脚步控制"，让用户体验从"感觉上、被动的运动"上升到"真实的、自然的运动"。此外，这些产品解决了现有跑步类 VR 设备的不足，如使用前需更换专用的跑步鞋，穿戴麻烦，滑动体验安全性差、真实感差等问题。

广州市影擎电子科技有限公司

案例名称：九江市柴桑区 VR 科技体验馆

广州市影擎电子科技有限公司是一家专注于 VR、AR 及 4D 动感技术应用设备的研发、生产、销售及运营服务为一体的高科技创新型企业，为军事训练、教育实训、科学普及与其他行业应用提供沉漫式体验产品及解决方案，是国内 VR 体验馆高端虚拟现实设备细分行业龙头企业之一。

柴桑区 VR 科技体验馆是九江市最大且唯一一家集知识性、趣味性、体验性于一体的新型 VR 科技体验馆，馆内设有六大主题展区，分别是 5G+VR 展示区、消防体验区、科普教育区、VR 游乐区、5D7D 影院区及 VR+党建教育区，所有展区主题鲜明、内容丰富、科技性强，并将 VR、AR、人工智能、3D 全景立体环幕等新技术有机结合，不断提升城市生命力，升级体验项目，日接待游客达 2 000 余人，让市民游客充分享受科技发展的无限奇妙，形成 VR+文旅的新业态。

广州博士信息科技研究院有限公司

案例名称：博士科技产业创新生态元宇宙系统

博士科技创立于 2004 年，源起于 2001 年广州市政府发起成立的广州博士俱乐部。专注于科技成果转移转化 18 年，构建了先进的创新服务方法论和服务体系，并率先打造了"博士云"为生态基础的创新大数据平台。

博士科技产业创新生态元宇宙系统基于所积聚沉淀的人才、企业、科技成果、专利、大数据的支撑，结合人工智能算法、人机交互及平台应用工具支撑下的人－人交互，实现对产业创新趋势、创新政策实施、创新活动协作、创新资源流通等生态运转的模拟、推演及预判，协助各种生态参与者理解生态运行规律及生态位准确定位、生态伙伴精准对接、创新要素资源高效应用转化等科学决策并从中获取所需能量和价值。

深圳视觉航空科技有限公司

案例名称：国产民机客舱乘务员虚拟现实培训平台

深圳视觉航空科技有限公司是一家专注于 VR/AR 航空领域的企业，利用 VR、AR、MR 和 AI 等技术进行航空类项目的开发、制作、推广和培训。公司已获得 ISO9001 管理体系认证和数十项知识产权，业务涵盖飞行员、乘务员、机务、应急模拟和地面服务等培训。

国产民机客舱乘务员虚拟现实培训平台可为航空院校提供标准化课件，解决教师缺乏专业教材、实训与市场需求脱节等问题，为航空公司等提供定制产品和服务。通过产学研用练融合，推动民航培训高质量发展。案例采用国产设备，逐步实现波音、空客等现有培训课程的国产化替代，构建自主知识产权培训体系，提升国际话语权和市场影响力。

广东顺德宙思信息科技有限公司

案例名称：基于数字孪生的虚拟仿真教育系统

广东顺德宙思信息科技有限公司成立于2016年，致力于为各行业提供VR虚拟仿真软件、数字孪生系统的综合解决方案。产品广泛应用于数字工厂、数字新基建、教育培训、展览演示、三维可视化等众多领域。到目前为止，已为全国数十家高等院校和智能制造型企业提供数字化三维仿真解决方案。

基于数字孪生的虚拟仿真教育系统依托虚拟现实技术，并结合数字孪生技术，为学生提供了一个逼真、高度互动的学习环境。系统可以实时捕捉与模拟现实中的教学活动，使学习体验更为直观和具有沉浸感。系统通过真实模拟，允许学生在安全的环境中探索、尝试，促进其深度学习和实践能力的提升。同时，教师也能基于学生的行为和反馈，系统能够自适应地调整内容，为每位学生提供定制化的学习路径。

深圳市博乐信息技术有限公司

案例名称：沉浸式交互轻课程

深圳市博乐信息技术有限公司是国内领先的XR互动内容运营商和数字空间综合解决方案引领者。公司以自主技术研发、内容创作为基础，构建起AR大屏互动、MR视觉交互、手机AR应用、AR创意衍生品等综合产品矩阵。

博乐信息打造的AR沉浸式互动轻课程成果入选教育部"校本课程建设全国典型案例"，引领视觉交互创新潮流、赋能数字经济高质量发展。该课程结合增强显示技术，包括6大学科教材、36个教学课件、混合现实互动资源及云课堂管理系统。此外，还有教材中心、教具中心和融媒轻课、XR创作平台、轻课体验空间三套产品。其中，融媒轻课是电子教辅，可以对每个主题进行课后拓展探索，将传统纸质教材与现代数字技术相结合，提供更丰富多样的学习资源。

广州口可口可软件科技有限公司

案例名称：数字影视技术平台

广州口可口可软件科技有限公司（简称口可软件）作为3D数字科技领域的核心高科技企业，总部位于广州，从一家立足于广州的民营企业，发展成为拥有深圳、陕西、云南、北京等分支机构的全国性企业，为客户提供数字交互领域的整体方案设计、系统设备引进、技术研发咨询、虚拟互动系统开发等全方位综合服务。

口可软件承建广财经济与管理国家级实验教学示范中心子项目——数字影视技术平台，满足了湾区影视学院将教学、科研及数字创新多方面融合探索的需求，为协同创新的产教融合实践注入动力。项目基于业界最先进的VR-CAVE交互系统、光学捕捉系统、数字电台直播系统、数字媒体录音系统和4K全景声视听系统所构建核心技术形态，为交叉学科融合教学提供全流程的技术支撑，为全校师生的实践课程和科研活动提供实践平台。

广州赛宝联睿信息科技有限公司

案例名称：虚拟腹腔镜根治性全胃切除术应用软件

广州赛宝联睿信息科技有限公司（简称赛宝联睿）作为工业和信息化部电子第五研究所（简称五所）下属子公司，是专业从事信息化咨询、设计、监理的服务机构。

腹腔镜胃肠手术对操作技能的要求高、周期长，以及手术具有的复杂性和开展范围较小的特点和培训设备的欠缺等问题，现有的模拟训练平台仅能进行简单的操作训练。虚拟腹腔镜根治性全胃切除术应用软件实现虚拟腹腔镜根治性全胃切除术场景、患者的建模及相关动画制作，具备手术训练、手术考试及模拟训练等三个主要模块功能。应用虚拟腹腔镜根治性全胃切除术应用软件，能实现培训过程的虚拟操作并实时对各个环节进行全面评估。

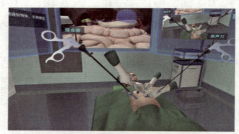

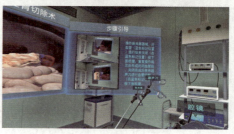

广州市旗鱼软件科技有限公司

案例名称：VR 航空实训平台

广州市旗鱼软件科技有限公司成立于 2011 年，是一家拥有自主技术软硬件开发能力和信息技术应用创新能力的高新技术企业，公司专注于 XR 领域创新研究，并在 AI、VR、MR 等技术领域获得了客户的高度认可，已成为国内领先的 XR 行业解决方案供应商。

航空从业人员的技能水平是航班安全的保障，需要完成相关的学习、训练课程。VR 航空实训平台基于 VR 技术，借助 3D 扫描技术采集客机外观数据，1∶1 还原客机的外型外观和客舱内部设备，模拟出多维度的培训环境。该平台结合领先的 VR 技术提供沉浸式拟真交互的体验，有助于新进机务和乘务人员掌握熟悉未来的工作对象和环境。整个实训平台可实现对训练管理、考核管理、人员管理、数据统计等功能，使航空相关从业人员快速完成相关课程学习，高效率提升航空从业人员技能水平。

谷东科技有限公司

案例名称：基于 5G 的增强现实智能辅助作业平台应用示范及产业化项目

谷东科技有限公司致力于解决 AR 行业中光学显示及空间计算的"卡脖子"技术难题，具备阵列光波导、全息光波导全谱系技术研发能力，能提供光学、硬件、整机设计、行业 AI 算法软件和开发套件全体系深度定制的专业技术服务提供商。

基于 5G 的增强现实智能辅助作业平台应用示范及产业化项目立足于工业巡检、维修、培训、远程指导、数字孪生以及各类远程监察、查验需求，依托谷东科技已有光学和行业应用成果，以及谷东科技在光波导技术、AI 算法能力、3D 建模领域的技术积累，发挥谷东科技的企业优势和技术人才优势，构建基于 5G AR 智能辅助作业平台，实现了 AR + AI + 5G 结合的远程作业模式，有效地提高应用单位的人效水平，提升了巡检、维修、培训、监管的可视化能力，满足客户的远程指导需求。

深圳市中视典数字科技有限公司

案例名称：VRP人因工程平台

中视典2002年成立于深圳，专业涵盖图形图像处理、渲染技术、人工智能、数字孪生、三维重建、视觉设计、工业仿真等领域。拥有完全自主知识产权的底层核心三维引擎VRP，推出了面向各行业实时三维交互内容、虚拟现实内容和线上三维交互内容的创作平台VRP Engine软件序列和三维数字资产管理平台VR-Platform云平台。

VRP人因工程平台通过将数字资产在虚拟3D环境中进行三维数据化，生成拟真的可交互场景，让用户可以高效地将沉浸式虚拟协作的解决方案，赋能从设计、仿真、生产、装配、培训到展示营销等全部业务环节。VRP三维制作引擎技术可针对设备维修进行仿真，在设计初期即可开始验证，动态调整参数，快速检验设计，多组设计方案同步进行验证，从而提高装备维修性设计水平；将装备可视化、图形化、直观化，维修流程表达清晰、准确，规范化管理过程文件，从而提升维修性评审效率；可以进行高精度三维渲染，高精度刚性与柔性碰撞仿真，结合中国标准数字人体，从而提高仿真拟真度。

深圳纳德光学有限公司

案例名称：GOOVIS高清护眼头显，助力眼健康创新应用

深圳纳德光学有限公司是一家专注于先进光学显示及应用方案研发的国家高新技术企业，在国内最早开发Micro-OLED近眼显示系统，是超高清晰近眼显示和XR头戴显示的开创者和行业领先者。

GOOVIS（酷睿视）是公司旗下头显产品品牌，是XR高清头显标杆品牌。公司产品包括单目/双目近眼显示模组和XR智能眼镜整机，应用于观影、游戏、直播、手术机器人系统、眼健康、无人机FPV、无人驾驶远程遥控等领域，产品可用于视力筛查、近视防控、斜弱视训练和治疗等场景，已经销往全球60+国家/地区，且广受好评。

广州赛灵力科技有限公司

案例名称：赛业生物虚拟科学官数字人克隆

赛灵力是一家专注于用人工智能技术制做高精尖超写实虚拟数字人的公司，由清华珠三角研究院和赛业生物集团共同孵化。公司自主研发TTS和虚拟人底层技术，成功开发出2D和3D高仿真数字人，1:1克隆真人形象和声音，创造具有真人般交互能力的虚拟数字人，广泛应用于政务、文旅、教育、生物医疗等需要真人分身的领域，为客户提供最为逼真的数字人AI技术服务。

数字人克隆项目通过人工智能技术，对真人声音和面部表情进行深度学习，建立音频特征与面部表情关联性，生成对应的数据模型，并通过TTS技术和ASR技术实现文本转语音以及声音驱动，结合驱动的面部表情与唇形动作，采用模型生成高清人物形象。采用上述技术制作的赛业生物虚拟科学官围绕生物领域开启趣味科普，打造精品栏目，在各个新媒体矩阵号上给广大用户进行生物知识的科普，兼顾了口碑传播和品牌的效益。

广州励丰文化科技股份有限公司

案例名称：芷江和平文化艺术中心元宇宙体验馆

广州励丰文化科技股份有限公司成立于1997年，是利亚德集团旗下文化板块核心企业，参与、策划、制作北京奥运会、上海世博会、广州亚运会等众多国家级大型项目，致力于成为全球文化体验方式与文化消费新业态的创领者。

芷江和平文化艺术中心元宇宙体验馆是由利亚德集团、励丰文化打造的爱国主义研学教育游学空间，采用元宇宙线下沉浸式体验技术与线上数字化虚拟身份相结合的理念，与文旅产品创新联动应用设计，构建了一个体验、消费及传播于一体的闭环文旅元宇宙游学案例。体验馆分为14个沉浸式体验区，设计打造了丰富的沉浸式娱乐、元宇宙教育、元宇宙消费等应用场景，将娱乐、教育、消费与数字科技相结合，带动文旅升级，开启芷江文旅元宇宙新篇章。

广东虚拟现实科技有限公司（燧光）

案例名称：学前教育虚拟仿真中心

广东虚拟现实科技有限公司（燧光）成立于2015年，是一家全球领先的混合现实系统研发公司，由全球顶尖算法科学家和工程师组成，拥有先进的空间算法和交互技术。燧光拥有成熟的软硬件、系统设计和大规模量产能力，业务涵盖MR领域软硬件开发、平台运营与内容分发，是全球累计平台系统出货量最多的AR/MR公司，致力于帮助行业打造下一代虚实融合数字化底座。

MR实训课遵循能力为先、理实一体的教育理念，产品设计与指导思想、培养目标保持高度一致，真正达到人才培养"全科""全能""通用"的目的。

课程包括环境创设、生活活动的组织、日常保育、班级管理、教育活动实施、户外活动组织、游戏观察与指导、家长沟通等大模块，总共80个场景。从而保障从多个维度、多个场景对学生进行全面的实训，全面接触多种实训园中都无法轻易实现的场景。

广州凡拓数字创意科技股份有限公司

案例名称：虚拟数字员工"班昭"

广州凡拓数字创意科技股份有限公司（股票代码：301313）是数字创意产品及数字一体化解决方案的综合提供商，提供3D数字内容制作、软件开发、综合设计、系统集成等一站式数创服务，广泛应用到文化文博、科教科普、智慧城市、文体活动等领域。

虚拟数字员工"班昭"是以女史学家班昭为原型，凡拓数创利用3D可视化技术、多模态人机交互技术以及AI技术沉淀，将人物从0到1到深度构建复原，让"班昭"栩栩如生地活现在大众眼前。

2022年郑州博博会，"班昭"作为直播间主持人，与专家共话博物馆数字化发展。2023年3月19日，"班昭"登上央视科教频道《时尚科技秀》栏目，为观众科普虚拟人诞生的幕后流程。此外，"班昭"作为嘉宾亮相广州国际购物节启动仪式。目前，"班昭"在东莞市博物馆·大唐宝藏线上展览上岗工作，讲述文物背后的故事。

图腾视界（广州）数字科技有限公司

案例名称：海上丝绸之路虚拟博物馆

图腾视界（广州）数字科技有限公司（简称"图腾视界"）成立于2022年，是一家提供超高清虚实融合应用的高新技术企业。图腾视界致力于用技术融合艺术，赋能产业发展，为企业提升品质、提高效率、降低成本、创新模式。

海上丝绸之路虚拟博物馆项目首次将数字虚拟人融入到线上文旅展览的参观讲解，标志着文化旅游领域的一大突破。项目以寻找"海魂玉"的奇幻故事为载体，采用虚拟现实和增强现实技术，创造了更为沉浸式、逼真的历史文化体验，可通过VR、网页和微信小程序等多种方式在线观看展馆和历史古迹。项目为行业树立了先锋标杆，引领了文化旅游和数字体验领域对新技术的探索和应用。

汉威广园（广州）智能装备有限公司

案例名称：面向智慧钢铁的棒线材设备数字

汉威广园（广州）智能装备有限公司长期致力于为钢铁行业客户提供棒线材高端轧机装备与智能运维解决方案，是广东省冶金长材装备制造与运维工程技术研究中心依托单位，中国钢铁工业高速线材工艺装备制造行业的先进技术领跑者，高端高速线材轧机装备与运维领域头部企业。

面向智慧钢铁的棒线材设备数字孪生运维系统，以设备全生命周期为主线，结合云（云计算）、大（大数据）、物（物联网）、智（人工智能）、5G、数字孪生等技术，专注于设备管理和生产运营场景。该系统构建了一个全流程可感知、可预见、可视化的数字孪生平台，能实时采集设备运行数据，进行多维度的数据分析与优化。系统具备故障预测和健康管理功能，能预警各类设备风险，监控和掌握设备状况，提高生产设备的运行效率和预防应对能力。

系统的有效投用，解决了重复投入建设、数字资源分散、设备故障预防应对能力不足等问题。

珠海市四维时代网络科技有限公司

案例名称：实景三维相机四维看看系列产品

四维时代成立于 2014 年，总部位于广东珠海，专注于人工智能三维数字化技术、数字孪生和实景三维新型测绘技术的研发与应用。公司持有 200 余项发明专利技术和 230 项软件著作权。

四维时代推出了具有自主知识产权的三维相机四维看看系列产品，包括视觉系列和激光系列，可实现厘米级精度的全自动快速三维数字化，设备国产化率达 100%。其中，新一代国产实景三维激光相机四维深时、四维深光集高精度 RTK 定位能力，为数字孪生、新型测绘等领域提供高精度、高效率、安全可控的三维重建方案，被国家科技部评价为"国际领先"，荣获广东省"应急与安全科技进步奖"特等奖。目前产品广泛应用于数字城市建设、燃气管道勘察监测、道路交通事故现场勘验、消防火调事故现场勘验、承灾体普查、资产管理数字化、文化遗产数字化等领域。

广州紫为云科技有限公司

案例名称：AI + 增强现实赋能体育健康产业数智化创新平台应用

广州紫为云科技有限公司成立于 2017 年，专注新一代人机融合智能核心技术研发，提供多模态感知（AI）、数据内容生成（AIGC）及协作机器人等多项 AI 核心技术、交互智能软硬件产品与场景数字体验解决方案，服务人工智能与数字经济产业发展。

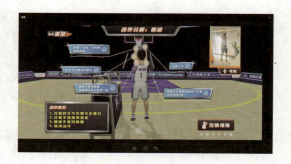

AI + 增强现实赋能体育健康产业数智化创新平台应用围绕虚拟现实、人机交互、人工智能等技术结合多元体育运动领域和医疗健康行业的发展需求，以自主研发的新一代人机融合智能技术引擎为底座支撑，沉浸式场景为切入点，围绕体育健康主题开展智能创新创意设计，开发 AR 智能体感技术与实时 3D 渲染技术相结合的软件平台建设及应用解决方案，为体育健康产业的数智融合创新提供完整解决方案，实现非接触式人机交互，构建大众体育、医疗健康新业态。